U0925285

➤ 成功是一种境界，需要用心细细体味

➤ 善用他人智慧的人，更容易获得成功

畫說银行管理

韩秀田 · 张军印 编著

这是开启自身潜质的密码

这是提升管理水平的智典

企业管理出版社
ENTERPRISE MANAGEMENT PUBLISHING HOUSE

图书在版编目（CIP）数据

“画”说银行管理/韩秀田，张军印编著．—北京：企业管理出版社，2010.5
ISBN 978－7－80255－526－6

Ⅰ．画…　Ⅱ．①韩…②张…　Ⅲ．银行－经济管理－通俗读物
Ⅳ．F830.2－49

中国版本图书馆 CIP 数据核字（2010）第 078581 号

书　　名：“画”说银行管理
作　　者：韩秀田　张军印
责任编辑：刘　刚
书　　号：ISBN 978－7－80255－526－6
出版发行：企业管理出版社
地　　址：北京市海淀区紫竹院南路 17 号　邮编：100048
网　　址：http：//www.emph.cn
电　　话：出版部（010）68414643　发行部（010）68467871
编辑部（010）68701661
电子信箱：80147@sina.com　zbs@emph.cn
印　　刷：北京智力达印刷有限公司
经　　销：新华书店
规　　格：170 毫米×240 毫米　16 开本　11.25 印张　115 千字
版　　次：2010 年 6 月第 1 版　2010 年 6 月第 1 次印刷
定　　价：36.00 元

前言

《“画”说银行管理》是一本匠心独具的银行管理新书，堪称“智典”。它以浅显易懂的漫画的形式，将银行经营管理和个人修身养性中的哲理表现出来。不论是银行高管还是普通员工若用心阅读细心体味，将对管理实践和职业规划大有裨益。

这本书将让你明白，成功是一种人生境界，它可以体现在努力奋斗的过程中，也可以体现在梦想成真的结果中，只要你实现了真实的自我，或自我超越，你就将体会到希望、幸福和成功的快乐；它将帮助你按照自己设定的目标，充实地学习、工作和生活，始终沿着自己选择的道路，做一个永远追求兴趣并能发掘出自身潜能的人；它将帮你架起沟通人际关系的桥梁，让你懂得会沟通更从容，从而培养被别人信任的优良品质，使你在人生竞技场上展现出个人魅力；它将教会你做一个擅长计划的人，使你在工作中得到富有价值的回报；它将教会你如何体现自己的独立人格，让你拥有一颗积极、主动的心，善于开拓和管理自己的事业，为自己的人生做出最为重要的抉择；它将帮助你在职业生涯中建立自信心，让你在生活、工作中放飞自己，享受成功的愉悦；它将帮助你掌握解决在经营管理银行中遇到的各类困惑、问题和需求，让你的管理像阅读本书一样轻松、自在；它将教会你做一个具有高效领导力的人，让你在鲜活而精彩的故事中，跳出一人或一事的局限，用一种更加平衡、整体化的思路应对更加复杂、多变的世界，去体会和实践领导力这一优雅而精妙的管理艺术；它将帮助你重新审视银行的风险管理，用新的视角来分析操作风险，将严肃而复杂的银行风险管理变得如此有趣而轻松，让你在快乐的阅读中找出症结所在，帮助银行未雨绸缪并实施有效的风险管控；它将让你学会发散营销，让银行建立一套有效的营销体系和打造一个具有高素质的营销团队，提升银行高端客户群体，增强银行经营效益。

我把这本书推荐给读者，希望读者能在细心的学习中品味，从中找到开发自身潜质的密码，找到提升管理水平的成功之路，使你和企业一步步进入辉煌的未来。

二〇〇九年十月

目录 Contents

Chapter 1

修身明德

1. 山不过来我就过去

有位大师，几十年练就“移山大法”，许多年轻人慕名前来学艺。可三年过去了，徒弟们却未能学得一句移山口诀，也从未一睹大师的移山绝技，失望至极。

一天，众徒弟远望高山集体发难：“从师多年，勤勤恳恳，师父为何不教我们移山大法呀?”大师略加沉吟，说：“好吧，今天为师就教你们移山大法。”众弟子大喜。大师口中念念有词：“仰望高山，闭目凝神，疾步奔走。”众徒弟依照行事。片刻，大师道：“好了，请睁眼细看，是否已经临近高山？我的移山大法就是——山不过来，我就过去。”至此，众徒弟方如梦初醒。

心得感悟：“山不过来，我就过去”。正是这八个字让众多徒弟如梦初醒，让整天抱怨“命运不济、世道不平、怀才不遇”的人汗颜。有许多人每每抱怨自己的处境差，远达不到自己心中的理想时，却往往忘了自己一直就没有努力地去为理想奋斗过、争取过。人生如爬山，每个人都不会一帆风顺、事事如意，这就需要我们认清自己，在无力改变现实环境时，让自己适应环境这座“大山”，到达理想之巅。

2. 阿谀之痛

这是一个流传久远，几乎家喻户晓的故事，故事的主角还是那只我们小时候便认得的乌鸦。一天，它叼着一块好不容易觅来的肉往家飞，途中落在树枝上小憩。这时，一只饥饿的狐狸发现了它，就对乌鸦说："乌鸦小姐，你的本事好大呀，竟然猎得这么诱人的一块肉。"由于讨厌狐狸，乌鸦听了这话毫不理会。狐狸眼珠一转，又说："乌鸦小姐，你今天的羽毛多漂亮呀！"这时乌鸦的心中开始泛起了涟漪，但还是没有开口搭话。狐狸不死心，越发动情地说："乌鸦小姐，早就听说您有着世界上最动听的歌喉，连百灵鸟都要拜您为师，您唱一曲让我也听听吧。"乌鸦听了，心里美滋滋的，丝毫没有觉察狐狸的诡计，便张开嘴唱了起来，结果可想而知。

心得感悟：有谚语称："美丽的阿谀奉承是最恶毒的刽子手。"的确，一些别有用心的、故意说的好听的话，往往是麻醉人们的"鸦片"，爱听好话的人，终究会被其所伤。我们在做事情前，要认真地加以分辨，谨防中招。银行的管理人员一定要谨记"良药苦口利于病，忠言逆耳利于行"的箴言，学会识别那些别有用心的阿谀奉承之辞，保持清醒的头脑，并有听得进诤言、真言的胸襟和涵养，才能使银行的业绩不断向前。

乌鸦你好漂亮！

你的感悟

3. 平常心与成功

有一个盲人、一个聋子和两个耳聪目明的健全人，他们都要通过一座下有万丈深渊且极其狭窄的桥。

结果，盲人、聋子顺利地过了桥，两个健全人却并非都这么走运，他们只有一个过了桥，另一个则跌下深渊，丧了命。盲人说，我眼睛看不见，不知山高桥险，所以能心平气和地攀索。聋子说，我的耳朵听不见，不闻脚下涧水咆哮怒吼，恐惧相对减少很多。顺利过了桥的那个健全人呢？他的理论是：我过我的桥，险峰与我何干？急流与我何干？只管注意落脚稳固就够了。

心得感悟：在很多时候，银行作为高风险的行业，从高管到一线临柜人员每时每刻都有可能面临“万丈深渊”，制度则是一座桥，一座通向成功的桥。为什么有的人身陷囹圄，而有的人却能做到洁身自爱？可见，犯了错不能老是埋怨制度的不合理（桥窄），而关键是这些人缺乏一颗平常心，往往会被各种各样的诱惑所干扰而走上犯罪的道路。“吾心弥坚，万物奈何！”只要每一位干部员工都能做到“只管注意落脚稳固”，恪尽职守，廉洁奉公，又有什么样的深渊窄桥过不去呢？

你的感悟

不会吧！

4. 不要忘了求助他人

有一个小男孩在沙滩上玩耍。沙滩上有"小汽车"、"敞篷货车"、塑料水桶和一把塑料铲子。他在松软的沙堆上修筑"公路"和挖掘"隧道"时，在沙坑底部遇到了一块岩石。男孩开始挖掘岩石周围的沙子，试图把岩石从泥沙中弄出去。由于力量太小，小男孩累得精疲力竭也没能取得成功。

当泪珠滚过孩子绝望的脸庞时，站在一旁观察良久的父亲来到了他跟前。"儿子，你为什么不用上所有的力量呢?"父亲的话温和而坚定。男孩抽泣道："爸爸，我已经用尽了我所有的力量!"父亲纠正道："不对，你至少没有请求我的帮助呀。"说着，父亲弯下腰，将岩石搬出了沙坑。

心得感悟：在现实生活中，我们每一个人都不可能是千面手，总会遇到单靠自己的力量无法解决的问题。当我们遇到解决不了的问题时，固然应该不懈地寻找解决的办法，但是也不要忘了，我们还可以寻求他人的帮助，这些对你来说很棘手的问题，或许对你的朋友或亲人而言却是轻而易举的。因此，我们要学会合理利用一切资源和力量，争取做到事半而功倍。

5. 学会把握当下

有一天，大哲学家柏拉图带着他的七个学生来到一片玉米地前，他对学生们说："现在我要求你们从这块田地里走过去，看谁能拣到最大的玉米，前提是你们只能拣一个，且谁也不准回头。"

七个学生按照老师的吩咐开始行动，最终他们每人都拿着一个玉米回到了老师的面前。出人意料的是，他们手中所拿的玉米都很一般，连"大"都谈不上，更不要说"最大"了。原来，他们每拣到一个看来很大的玉米，都又很快放弃了，因为他们认为前头还有更大的玉米，结果到了尽头才发现最大的玉米自己已经错过——追求最大却失去最大。

心得感悟： 人往往有好高骛远的毛病，"这山望着那山高"，总觉得现在自己所拥有的离理想差得很远，所以从不知道珍惜已经取得的成果，反而为了一个虚无缥缈的"目标"，连自己脚下的土地也忘了，殊不知，能把自己当下的工作踏踏实实做好，就是最大的成功。

6. 诚信的花朵

很久以前，有一个很大的王国，国王一直没有继承人，就想找一位诚实的孩子来继承王位。国王把意思向大臣们说了，并要他们都把自己的男孩带来，他要亲自挑选一个。孩子们被带到了王宫，国王对他们说：“今天给你们每人一粒种子，三个月后，谁能给我种出最美丽的花，谁就是王子。”

时间转眼就到了，孩子们都如约来到王宫，手中捧着一盆盆五彩缤纷、争芳斗艳的花儿，接受国王的挑选。只有一位小男孩，满脸沮丧地端着一个空盆，看着别的孩子盆中一朵朵娇艳无比的鲜花，难过得忍不住掉下泪来：“尊敬的国王，我把种子栽上后，每天辛勤地浇水，细心地施肥，但是，我却什么也没种出来……”国王听了大笑：“诚实的孩子呀，你种不出什么，那就对了，因为我给你们的，都是经过爆炒的种子呀！你很让我满意，王子就是你了。”

心得感悟：是的，只有诚信才能催开最美丽的花朵。在当今的市场经济环境下，诚信的重要性更加凸显。中国是一个有着良好诚信传统的国家，中华民族是一个非常讲究诚信的民族，早在两千多年前，伟大的先贤孔子就教导我们，“人无信不知其可。”同样地，经营管理银行在一定程度上就是在经营自己的道德，管理者为了自己的政绩，靠欺诈经营，或许可得一时之利，可最终将是搬起石头砸自己的脚。不折不扣执行上级政策和制度，靠诚实创新去经营银行，应当是每一个管理者的“为官之道”。

你的感悟

7. 善良成就未来

弗莱明是一个穷苦的苏格兰农夫，有一天，当他在田里耕作时，听到附近泥沼里有人发出求救的哭声。他急忙放下农具，跑到泥沼边，把一个正在泥沼里挣扎的小孩救了出来。

隔天，一辆崭新的马车停在农夫家门口，一位优雅的绅士从车上下来，他自我介绍说是那被救小孩的父亲。绅士对农夫说："我要报答你，你救了我儿子的性命。"农夫说："谁都应该这样做，我不能因此而接受你的报答。"这时，农夫的儿子恰好从外边回来，绅士便问："这是你的儿子吗？"农夫说是。绅士说："我们来定个协议，让我带走他，并让他接受良好的教育。"农夫答应了。后来农夫的儿子从圣玛利亚医学院毕业，成为举世闻名的弗莱明·亚历山大爵士，也就是盘尼西林（青霉素）的发明者。他在1944年受封骑士爵位，并荣膺诺贝尔奖。数年后，绅士的儿子染上肺炎，是盘尼西林救活了他的命。那位绅士是谁？是英国上议院议员丘吉尔。他的儿子是谁？是英国政治家丘吉尔爵士。

心得感悟：这个故事验证了我们中国的一句名言：莫以善小而不为。正是这位农夫的善良，使自己获得了丰厚的回报；也同样因为丘吉尔的善良，既为整个世界做出了贡献，也保全了自己儿子的生命。让我们每个人都常怀善良之心，去帮助每一位需要帮助的人，去爱护每一只受伤的小动物……我们付出的善良，必将能获得丰厚的回报。

你的感悟

8. 一个纸篓和一面墙

有两个爱画画的孩子，其中一个孩子的母亲给了他一捆笔，一叠纸和一面墙，并对他说："把你觉得满意的画贴在墙上，让每一个来我们家的客人欣赏。"另一个孩子的母亲则给了他一捆笔、一叠纸和一个纸篓，说："把你觉得不满意的画扔进纸篓里去。"三年后，第一个孩子成为了著名画家；30 年后，另一个孩子的画横空出世，震惊世界。

心得感悟：别人的不断赞扬和自我的不断否定都能使一个人走向成功，可是，比较来看，后者对一个人的促进更大。这是因为，我们在受到他人夸赞时，往往会不由自主地产生自满心理；倒是不断地自我鞭策，对自己取得的成绩永远不满足，才更能促使一个人去追求完美、挑战极限，获取最大可能的成就。

9. 自己要成为自己的冠军

理查·派克是运动史上赢得奖牌最多的赛车选手之一。他第一次赛车回家后，兴奋地对母亲说："有35辆车参赛，我跑了第二。"

"你输了！"母亲毫不客气地回答。

"可是，"理查·派克瞪大了眼睛，"这是我第一次参加比赛，而且赛车还那么多。"

"儿子，"母亲深情地说，"记住，你用不着跑在任何人后面！"

接下来的20年中从此苦练车技称霸赛车界，他的许多记录至今无人打破。问他成功的原因，他说他从未忘记母亲的教诲，是母亲在他为第二名沾沾自喜之时，激励他去做得更好，勇夺第一。

心得感悟：在自己所从事的领域争得第一，是每一个人梦寐以求的。虽然我们明知，这个世界上不可能所有的人都能争得第一，理查·派克也只有一个，但是我们都要具有理查·派克那种"勇争第一"的信念和决心。具体到银行的工作，不论是在收贷、收息或是在生活学习中，遇到挫折或荣誉时，一定要记住不能就此停止或自大，要做就永远争做第一，使自己成为自己的冠军。

10. 放置仇恨

在一条狭窄的小路上，一个人被一只刺猬似的小东西挡住了去路。这人大怒，便想用脚将它踢开，但是那东西竟然开始变大。他越愤怒、越用力，那奇怪的东西就越变越大。

这时，善良之神告诉他说：“这怪物的名字叫仇恨，对付它的办法只有一个，就是置之不理。”这个人依计而行，果然“仇恨”偃旗息鼓，瘫作一团。

心得感悟：无论是在日常生活中还是在工作劳动中，我们随时都有可能与他人发生这样或那样的摩擦，产生这样或那样的矛盾，以至于彼此双方充满了仇恨，恶语相伤甚或拳脚相向，到头来两败俱伤，有百害而无一益。实际上，如果我们都有足够宽容之心，仇恨就会自行化解。“君子以厚德载物”、“心存乾元博爱”这些经典之句时刻告诫我们只有心中有爱，才是求得共生共存的惟一路径。大家各自后退一步，定能赢得海阔天空。

你的感悟

11. 改变自己

森林里，乌鸦又一次搬离了自己找到的第五个家。

小鹿见了，就问它："乌鸦，这么热的天，你忙碌什么呢?""我在搬家呀。"乌鸦一边急匆匆地忙着，一边说。"住得好好的，干嘛要搬家呢?""唉！这里的人都嫌我的叫声太难听，大人们咒骂我，孩子们还用弹弓打我。"小鹿说："你的叫声实在让人不敢恭维。除非你能改变你的叫声，不然你无论搬到什么地方，都会有人讨厌你的。"

心得感悟：有许多银行员工，常常抱怨自己所在的工作环境不够宽松，哀叹自己遇上了不通情达理的领导或同事。这些人从来不从自身寻找原因，却一味地报怨周围的环境，抱怨领导的不近人情。实际上要想成为一名合格的员工，就不能老是埋怨外部的客观环境，而是要扎扎实实地从自我做起，先找出自己的问题，不断地改变自己，只有这样才能真正地使自己走向事业的成功。

12. 我只要一块面包

一位乞丐穿着厚厚的夹克和牛仔裤，正盘着腿细心地摆放他的家当：番茄酱、芥末酱、蛋黄酱、醋等调料。他认真、细心的样子，就像在搞艺术品展览一样。发现有人在看他，乞丐抬头冲一位老先生友善地一笑，天真亲切。老先生问他："你有那么多东西了，还要什么呢？"

乞丐开心地大笑，双手一摊，比划着他的家当说："我得要到每天的面包呀！"

心得感悟：这位乞丐看似平淡却引人深思的话，告诫我们，尽管我们已经拥有了许多东西，但我们仍然需要"要到每天的面包"，而这面包正是人们的爱心，因为只有每个人都学会献出自己的爱心，世界才会变得更加美好。当我们在清晨醒来时，不要忘记带上自己的爱心，只有知道了爱的重要，我们的人生才会有方向，才更容易成功。

13. 父亲与儿子

一天夜晚，年迈的父亲和他的儿子在小区内散步。儿子已经大学毕业，在外地工作，隔很长时间才会带着妻子、孩子回家一次。

父子俩坐在一棵大树下，父亲指着树枝上的一只鸟问："儿子，那是什么？"

"一只小画眉吧。"

"是什么？"父亲的耳朵近来有点背。

"是只画眉。"儿子回答的声音比第一次大，他以为父亲刚才没听清楚。

"你说那是什么？"父亲又问道。

"是只小画眉！"

"儿子，那是什么？"

"爸爸，那是只画眉，听到没有，是只画——眉——鸟！"儿子已经变得不耐烦了。

父亲听到儿子的回答后，没有说一句话。过了一会儿，他慢慢地走回了家。几分钟后，父亲坐在客厅翻看一本发黄的日记，并在一本新日记上写着什么。

当父亲睡觉后，儿子好奇地翻看了父亲的日记本，上面记载着父亲日常生活的点点滴滴。他翻到29年前的一页，小声读出声来："今天，我带着儿子到院子里走了走。儿子看见树枝上停着一只鸟，问我：'爸爸，那是什么呀？'我告诉他，那是只乌鸦。过了一会儿，儿子又问我那只鸟，我说那是只乌鸦……"

"儿子反复地问那只鸟的名字，一共问了我六次，每次我都耐心地重复一遍。很高兴能有这样的机会，能教我儿子认识新事物。"

儿子看完后已经泪流满面，他悄悄地来到父亲的房间，默默地说："爸爸，原谅我吧！"而此时，父亲充满沧桑、布满皱纹的脸上露出了笑容。

心得感悟：懂得感恩，尤其是对父母的养育之恩心存感激，是我们做人的最基本准则。当你发现你的父母头发一天天白起来，手脚一天天迟缓，做的饭菜总是不合你的口味，家里的灰尘总也擦不完时，你知道吗，你的父母已经老了！不要再让你的父母感到孤单，每天与你的父母说说话，陪他们聊聊天，为你的父母洗一次脚吧！学会感恩、永葆孝心的人才有可能成为一名好员工、一位好公民。

14. 人生的彼岸和此岸

一位企业老总被查出患了胃癌，只剩下3~6个月的生命。他一时万念俱灰，决定不告诉妻子和女儿，独自承受痛苦。

“说来奇怪，从检查出癌症的那一天开始，平时为之耗尽心力的事业，变得一点儿都不重要了，平常被疏忽的亲人和朋友却突然变得非常重要，几乎一天也舍不得和他们分开。”老总对自己的朋友们说。

在饱受了一个半月的心灵与肉体折磨之后，在另一家医院经过精确地检查，却发现原来是误诊，他的胃一点儿毛病也没有。

知道误诊之后，他把一个半月来所受的煎熬告诉了妻子，妻子说：“怪不得这段时间以来你对我特别体贴，从来没生过气，原来是这样啊。”

当他把误诊的经过告诉女儿时，女儿问他：“爸爸，你不会只活3个月，那么，你究竟还可以活多久呢？”女儿又追问他：“爸爸，如果你不知道还可以活多久，却仍是没有任何改变，那和被误诊前又有什么不同呢？”

老总听了女儿的问话，很受震动，生活的态度完全改变了。他说：“用心地努力工作，是此岸；更用心地疼惜亲人，是彼岸。处理紧急的事情，是此岸；着力于重要的事情，是彼岸。经营入世的事业，是此岸；经营生死的解脱，是彼岸……那个医师是我的上帝，把我从此岸带到彼岸；我的女儿也是我的上帝，她帮我打破了两岸的界限。”

心得感悟： 每天我们都在为此岸的事业而打拼着，却没有时间或者想不起观望一下自己人生的彼岸——我们的家人和朋友，我们的生存价值和生命意义。我们可以从这个故事中获得一些启发，那就是要把自己人生的此岸和彼岸都经营好，做到在繁忙的工作之余，用心去爱自己的家人和朋友，让自己的生命更加多彩起来，让自己的事业更加成功。

你的感悟

15. 花和刺

有一天，鹿妈妈带着两只小鹿到森林里玩儿。过了一会儿，鹿哥哥沮丧地跑了回来，对鹿妈妈说："妈妈，我们回家吧，这里一点也不好玩儿，连花上都长着刺，把我美丽的花纹都刮乱了。"

鹿弟弟一会儿也蹦蹦跳跳地跑了回来，高兴地说："妈妈，这个地方真是太好玩儿了，连刺上都长有美丽的花朵。"

鹿妈妈说："哥哥要向弟弟学习呀！你弟弟看到的是花，是爱心。你们要把刺藏在花的下面，这样你们才能感到快乐，若是只盯在刺上面，愁苦就会和你天天相伴了。"

心得感悟：同样的花，同样的刺，但由于两只小鹿看待的角度不同，却得出了截然相反的结论。这个故事告诉我们，面对同一事物，由于心境不同，看待的角度不同，可能会得出迥异的结论。因此，我们要学习鹿弟弟，乐观地去看待生活，这样，幸福便会在刺上盛开出美丽的花朵。

你用什么样的心境看待生活，生活也会用什么样的方式回馈于你。痛苦是自找的，快乐也是自找的。

你的感悟

16. 乌鸦学老鹰

鹰从山下以非常优美的姿势俯冲下来，把一只小兔子抓走了。一只乌鸦看见了，心想："要是我也能这样去抓一只兔子，那该多好呀。"于是乌鸦就学着鹰的样子，反复练习俯冲的姿势，希望能像鹰一样优美。

多次练习，使乌鸦小小的身躯消瘦了一圈，但它仍坚持不懈。经过几个月的磨练之后，乌鸦觉得差不多了，便从山上俯冲下来，猛扑到一个兔子窝边，想把一只小兔子带走。然而乌鸦的嘴巴和爪子实在是太小了，没有一点力气，但它仍不松手，紧紧地抓住兔子的两只大耳朵。兔子急了，狠狠地在乌鸦翅膀上咬了两口，乌鸦一痛，松开了嘴和爪子。正在这时，一位猎人看到了，跑过来将乌鸦一把抓住，剪去了它翅膀上的羽毛，拿回家给儿子当了宠物。

心得感悟：这个故事，可以给我们提供正反两方面的教训：从积极的一面看，乌鸦那种坚韧的毅力值得肯定，虽然它不管怎样努力也不可能达到鹰的成功，但至少为自己的理想努力过。在现实社会中有很大一部分人就像乌鸦一样，积极、勤奋、有理想、有信念，虽成不了鹰，但也在追求的过程中实现了自身的价值；但另一方面，乌鸦的精神虽然值得钦佩，但更重要的是要正确清醒地认识自己，选择适合的道路，才能获得成功。

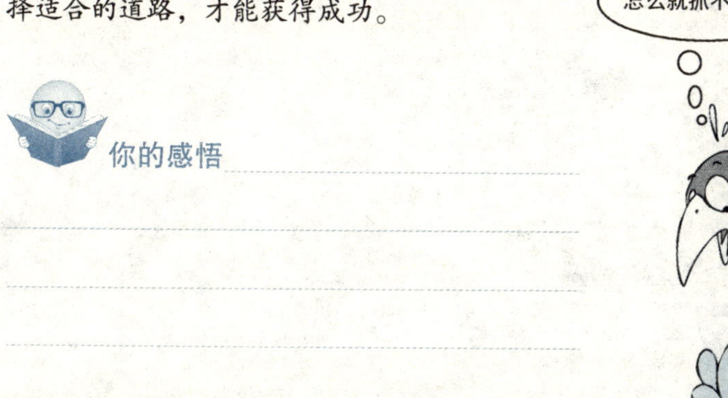

17. 先生，你的钱掉了

一位挪威小伙子漂洋到法国，去报考著名的巴黎音乐学院，然而未能如愿。无奈，他只有在各处繁华的街道拉琴谋生。他优雅的琴声和高超的演奏技艺吸引了无数的人驻足聆听，并纷纷将钱放进他面前的琴盒里。

这时，一个衣冠楚楚的中年人傲慢地将钱扔到了他的脚下。青年看了看，弯下腰拾起地上的钱递给他说："先生，你的钱掉在地上了。"

中年人接过钱，重新扔在青年男子的脚下，傲慢地说："这钱已经不是我的了，这是我施舍给你的。"

青年看了看中年人，深深地鞠了个躬说："先生，谢谢您的资助！刚才您掉了钱，我弯腰为您捡起。现在我的钱掉在了地上，麻烦您也为我捡起！"中年人讨了个没趣，只好怏怏地捡起地上的钱放入琴盒，灰溜溜地走了。

这位青年后来成了挪威小有名气的音乐家，他的尊严为他赢得了成功。

心得感悟：当我们陷入人生中最低谷的时候，往往会招致许多无端的蔑视。针锋相对的反抗是我们的本能，但往往会让那些缺知少德者更加暴虐。这时不如以理智去应对，以一种宽容的心态去维护自己的尊严。有的时候，弯下的是腰，但拾起来的，却是无价的尊严！记住一句话，你的尊严可以造就你的人生。

你的感悟

18. 我不能不劳动，就得到这些食物

在一个寒冷的冬天，美国一个小镇上来了一群逃难的人。善良而朴实的小镇居民善意地款待他们。这些逃难的人，显然很久没有吃到这么好的食物了，连一句感谢的话也顾不上说，就狼吞虎咽起来。

但有一个人例外，当镇长杰克逊大叔将食物送到他面前时，他仰起头问："先生，吃您这么多东西，您有什么活儿需要我做吗？"杰克逊大叔心想，给逃难的人一顿饭吃，每个善良的人都会这么做的。于是他回答："不，我没有什么活儿需要您做。"

这个年轻人说："先生，那我不能吃您的东西，我不能不劳动，就得到这些食物！"杰克逊大叔十分欣赏这位年轻人，就把他留了下来，年轻人很快就成了杰克逊大叔庄园里的一把好手。过了两年，杰克逊大叔把自己的女儿许配给他了。杰克逊对女儿说："别看他现在什么都没有，可他百分之百会成为富翁，因为他有尊严！"

20 多年后，杰克逊大叔的话果然应验了，这个年轻人经过打拼拥有了一笔让所有美国人羡慕的财富——他就是石油大王哈默。

心得感悟："我不能不劳动，就得到这些食物！"这是多么铿锵有力的一句话！坚持以自己的劳动去换取报酬，而不是欣然接受别人的施舍，是有尊严的一种表现，而哈默的固执，正是缘于他与众不同的人格。哈默在坚持自己做人做事的原则，他的固执体现了哈默的自尊和责任，体现了自尊自立的力量。也正是这种力量，让他得到了杰克逊的赏识与尊重，同时，这也是他日后获得巨大成功的重要因素。

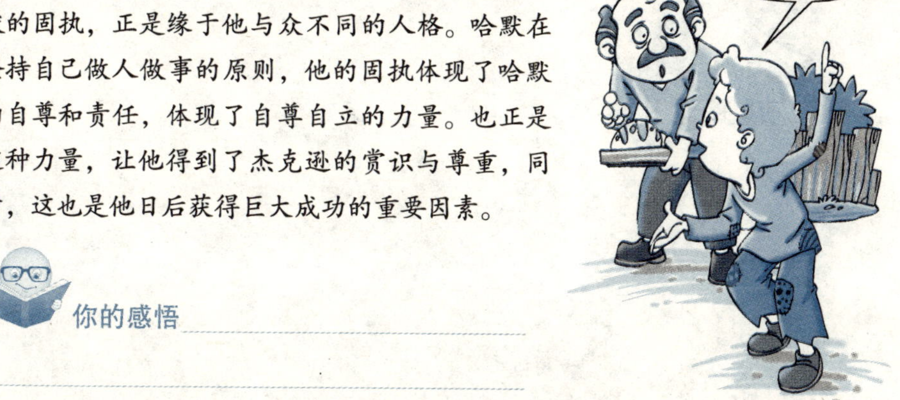

你的感悟

19. 求人不如求己

古时候，有一位老农遇到了一件麻烦事，他走进一座寺庙去求观音。走进庙里，他发现观音的像前已经有一个人在参拜，奇怪的是，那个人长得和观音一模一样。老农问：“你是观音吗?”那人答道：“我正是观音。”老农又问：“那你为何还拜自己?”观音笑道：“我也遇到了难事，但我知道，求人不如求己。”

心得感悟：观音之所以成为观音，正因为他遇事只求自己不求他人。许多人遇到难事，不是去想解决的方法，而是一味去等靠别人，希望别人能帮助他解决问题。但是，如果你对自己都失去了信心，还能指望谁来帮助你呢?

20. 治病秘方

一位心理医生对有厌世倾向的病人说："我的这个处方只有'谢谢你'三个字，我要请你在这个月内，对所有曾帮助过你的人都说声'谢谢你'，而且是诚心诚意地说出来。"

"可是有谁会帮助我啊?"病人怀疑地问。

"只要你去找，就一定会找到!"心理医生回答他。

一个月之后，病人容光焕发地回来告诉医生说，他目前正在一家公益团体担任义工。

"现在感觉如何?"医生笑着问他。

"也不知道怎么搞的，人们突然间变得温和友善了!"病人答道。

心得感悟：你会对帮助你的人说声"谢谢你"吗？这个故事告诉我们，只要你学会用心去感谢每一个人，你就会发现世界原来如此美丽。我们无须改变外面的世界，我们也没有能力去改变，但我们可以改变的，是我们自己"头脑中的世界"。有此改变，我们的世界就会更加美丽。

21. 喂狼与煮狼

一只狼出去觅食，找了半天都没有收获。偶然经过一户人家，听见房中孩子哭闹，接着传来一位老太婆的声音：“别哭啦！再不听话，就把你扔出去喂狼吃。”

狼闻听此言，心中大喜，便蹲在不远的地方等起来。太阳落山了，也没见老太婆把孩子扔出来。

晚上，狼等得实在不耐烦了，转到房前想伺机而入，却又听见老太婆说：“快睡吧，别怕，狼来了，咱们就把它杀死煮了吃。”

狼听了，吓得一溜烟跑回老窝。同伴们问它收获如何，它说：“别提了，老太婆说话不算数，害得我饿了一天，不过幸好后来我跑得快。”

心得感悟：如果别人信口开河，你却信以为真，全然不知人家只是在拿你说事而已。自己一惊一乍，倒先乱了阵脚，吃亏的只能是自己。我们在日常的工作和生活中，对别人所说的有关自己的话不要一味地听信，当然也不能采取虚无主义，而是要联系到自己的实践，去认真、理性地进行思考、辨析，然后再确定下一步的行为。如果不加思索地把假话当真，那就有可能成为那只又冷又饿的狼了。

22. 得不偿失的胜利

有一次，鹿和马为了一块草地争吵得不可开交，它们都想将这块草地占为己有。最后，鹿仗着自己那对厉害的角，终于战胜了马。这对马来说，简直是无法容忍的。

怎样才能把鹿赶走呢？马思来想去，终于想到去求助于人。它找到了一个强壮的人，这个人来到草地，杀死了鹿。

从此，这块引起纠纷的草地完全归马独自占有了，那个帮马取得胜利的人则将马占有了。他给马架上鞍具，套上笼头，又在马嘴里安上一副结实的马口铁。然后，这个人对马说：“因为我帮你取得了胜利，所以从今以后，你得老老实实地听我的使唤！”

心得感悟：马为一场胜利付出了自由的代价，实在有点得不偿失。取得胜利是令人愉快的，追求胜利也无可厚非，但是这还不够，因为重要的不仅是赢得一场胜利，而是最终赢得一系列的胜利。为了打击报复而不择手段，最终会让自己付出沉重的代价。

23. 第 12 块纱布

手术结束了，大夫正在准备缝合伤口。突然，负责器械的女护士严肃地盯着外科专家：“大夫，我用了 12 块纱布，您只取出了 11 块。”

“我已经全部取出来了。”

“不!”女护士大声抗议道：“手术中我们用了 12 块纱布。”

外科专家不予理睬，命令道：“听我的，准备缝合。”

女护士毫不示弱，几乎大声叫起来：“您是医生，您不能这么做。”

这时，外科专家的脸上浮起欣慰的笑容，他举起右手手中握着的第 12 块纱布，向所有人宣布：“她是我合格的助手。”

心得感悟：我们从这个故事可得到两点启发：一是人要敢于承担自己的责任，一个人如果敢于承担自己的责任，那他一定会走得很远；二是我们更要学习这位女护士的认真和坚持，不管对方是权威还是领导，作为员工都要敢于坚持，对自己的工作认真负责。而“认真用心”、“坚持到底”这些美德正是时下许多员工所欠缺的。

24. 勇于承担责任

1920年，有个11岁的美国男孩踢足球时，不小心打碎了邻居家的玻璃，邻居向他索赔12.5美元。在当时，12.5美元可是笔不小的数目，足足可以买125只生蛋的母鸡！闯了大祸的男孩向父亲承认了错误，父亲让他对自己的过失负责。男孩为难地说："我哪有那么多钱赔给人家？"父亲拿出12.5美元说："这钱我可以借给你，但一年后要还给我。"从此，男孩开始了艰苦的打工生活。经过半年的努力，终于挣够了"天文数字"般的12.5美元，还给了父亲。

这个男孩就是日后成为美国总统的罗纳德·里根。他在回忆这件事时说："通过自己的劳动来承担过失，使我懂得了什么叫责任。"

心得感悟：什么是责任？我们到底应当担负起什么样的责任？这个小故事给我们提供了一个很不错的答案。里根最终能成为总统有许多的因素，但从小就勇于承担责任应该是其中一个重要的因素。我们也应该像里根那样，从小养成勇于承担责任的品质。因为，无论是社会的发展、国家的进步、民族的振兴，还是自己所在单位的繁荣昌盛，都需要一批极富责任感的人，去勇于担当。

主动承担更多的责任或自动承担责任是成功者必备的素质。大多数情况下，即使你没有被正式告知要对某事负责，你也应该努力做好它。如果你能表现出胜任某项工作的能力，那么责任和报酬就会接踵而来。聪明的员工，会勇于承担自己职责范围内的责任，积极地寻找并把握谋求银行利益的机会，也只有这种员工，才是值得领导栽培的人才。

你的感悟

25. 掉进米缸里的老鼠

在一个青黄不接的初夏，一只在农家仓库里找食的老鼠不小心掉进了一个半满的米缸里。这意外的口福让老鼠喜出望外，警觉到四周没有危险时，便猛吃起来。

老鼠乐不思蜀，在米缸里吃了睡，睡了吃，日子就这样在丰衣足食中悠闲地过去了。直到有一天它发现米缸见了底，才晓得米缸现在的高度，自己想跳出去，已无可能。

心得感悟：大半缸米换取了这只老鼠的自由和生命，因此，也有人把这只老鼠能够跳出来的高度叫做“生命高度”。它多呆一天，就多失去一天的自由；多吃一粒米，就更接近死亡一步。在现实生活中，大多数人能够在明显有危险的地方止步，从而维持了自身的尊严和生命的完整；但也有人在诱惑面前，心存侥幸地迈出了第一步……在暂时的危险过后就心安理得起来，从而一步步走向深渊。

Chapter 2

成功心态

1. 从简单做起

大家可能都会说，擦桌子是一项很简单的工作，但要是真的把这项工作做得完美，且能天天坚持，那就太不简单了。海尔总部就有这么一位清洁女工，把自己所负责的大厅清洁工作，几年如一日地一丝不苟地做到最好。她每天都要认认真真地把大厅擦拭 16 遍之多，毫无怨言。有一次某电视台采访报道海尔事迹时，特别采访了她，她说：总裁告诉过我们，“把简单的事正确地重复做上千万次就叫不简单”。

心得感悟：作为银行的一名基层员工，每天面对的就是些平常、琐碎的事情，且几乎月月如此、年年如此，这可能会让我们觉得做如此琐碎、“简单”的工作太缺乏成就感。但是这些工作正是服务业的根本，要把这些工作做好，并不是一件“简单”的事情，需要我们有高度的责任感和崇高的敬业精神。如果我们能学习海尔的那名清洁女工，踏踏实实、兢兢业业地做好自己的本职工作，那就很了不起了。

2. 挂在悬崖上的人

一个人在森林中漫游时，突然遇见了一只饥饿的老虎。他用最快的速度逃开，老虎在后紧追不舍，最后他被老虎逼到了断崖边。站在断崖边上，他想："与其被老虎捉到，活活地被咬死，还不如跳入悬崖，说不定还有一线生机。"

他纵身跳入悬崖，非常幸运地卡在一棵树上，那是一棵在断崖边长满了梅子的梅树。正暗自庆幸之际，他却看到一只狮子正抬头看着他，而此时，一阵声音传来，他仔细一看，原来是两只老鼠正在用力撕咬梅树的树干。他先是一阵惊慌，然而很快又镇定下来，心想："被老鼠咬断树干跌死，总比被狮子咬死好。"情绪平复下来后，他看到梅子长得很好，就采了一些吃起来。随后他又找到了一个三角形的枝丫躺下来休息，心想："既然迟早都要死，不如在死前好好睡上一觉。"于是靠在树上沉沉地睡去。

睡醒之后，他发现老鼠不见了，老虎和狮子也不见了。他顺着树枝，小心翼翼地攀上悬崖，终于脱离了险境。原来就在他睡着的时候，饥饿的老虎按捺不住，终于大吼一声，跳下了悬崖；两只老鼠听到老虎的吼声，惊慌地逃走了；而跳下悬崖的老虎与崖下的狮子则展开了激烈的搏斗，双双负伤逃走了。

心得感悟： 自诞生的那一刻起，苦难，就像饥饿的老虎一样与我们如影随形；死亡，就像凶猛的狮子一样在某个不可知的未来等待我们；白天和黑夜的交替，就像两只小老鼠，不停地用力撕咬着我们暂时栖身的生活之树……既然知道生命中有一些东西是躲不过的，那惟一的路，就是安然地享受树上甜美的果子，然后安心地睡觉。只有怀着这样一颗单纯的心，才能尽情享受生活的甘美。

你的感悟

3. 看一看镜子中的人

一家企业破产了，老总失去了所有的财富，成了一个名副其实的穷光蛋。他无法面对残酷的现实，心情沮丧极了，几乎想自杀。

有一天，他去拜访一位牧师，并将自己如何破产、如何流浪的经历给牧师细细说了一遍。牧师望着他，沉默了一会儿说："我对你的遭遇深表同情，也希望能对你有所帮助，但事实上，我也没有能力帮助你。"牧师又接着说："虽然我没办法帮助你，但我可以介绍你去见一个人，他可以协助你东山再起。"

牧师带着老总来到一面大镜子前，然后用手指着镜子中的人说："我介绍的就是这个人。在这个世界上，只有这个人能够使你东山再起，你必须首先认识这个人，然后才能下决心如何做。"老总向前走了几步，怔怔地望着镜子里的自己，用手摸着长满胡须的脸，看着自己颓废的神色和迷离无助的双眸，不由自主地抽噎起来。

第二天，老总又来拜见牧师，他从头到脚几乎是换了一个人，步伐轻快有力，双目坚定有神，他说："我终于知道应该怎么做了，是你让我重新认识了自己，我已经找了一份不错的工作，我相信，这是我重新成功的开始。"

心得感悟：几乎每个人都会遭受挫折，当灾难来临时，当我们失意沉沦、一蹶不振时，要始终明白一个道理：世界上不存在救世主，只有自己才能最终拯救自己。我们在遇到工作上的难题或生活上的困难时，不要渴望去等靠什么，要时刻相信自己，因为，自己才是自己的救星。

你的感悟

4. 最高荣誉

有一位长跑运动员，在一次比赛中扭伤了脚。当一个个竞争对手赶上来超越他时，他并没有放弃比赛，而是忍着剧痛坚持着。观众都为他的表现而感动，看台上响起了热烈的掌声，这掌声一直伴他坚持到比赛的终点。虽然他的这种坚持对比赛成绩意义不大，但他永不放弃的高尚品格和职业操守，赢得了观众持久的掌声，也为他赢得了无上荣誉。

心得感悟：许多时候，在追求成功的路上我们会遇到意想不到的困难和障碍，也会因看不到理想的终点而心灰意懒。这时，我们是干脆自己找个冠冕堂皇的理由放弃，还是要继续努力、坚持到底？这位长跑运动员给我们树立了很好的榜样：即使明知成功已离自己很远，也要坚持不懈、追求到底，因为，坚定的毅力和高尚的职业操守远比成功本身更为重要。

5. 倒空你的杯子

难因是一位有名的禅师，有一天，一位游客来向他请教禅的真谛。难因与他聊了一会，见游客滔滔不绝，于是就称赞道："好口才呀!"然后请他喝茶。他向游客的杯子里不断地倒水，水杯满了，他还在倒，以至于水都溢了出来。游客感到非常惊讶，就问难因："师父，杯子的水已经满了，岂能再倒得进去?"难因说："你的心就像这个杯子，装满了你自己的意见、想法。如果你不把你的杯子倒空，又如何能听进去禅的道理呢?"

心得感悟：在这样一个知识爆炸、信息膨胀的时代，我们所拥有的知识与经验，开始异化为美丽的罂粟花，消磨我们的激情，钝化我们的智慧，使我们变得刚愎自用、固步自封、崇信权威、拒绝创新。因此，我们在对员工进行新方法、新技术培训的时候，也应该提倡一种新理念——倒空员工的杯子！同时，作为一名领导，我们也应有一种空杯理念，倒空自己的想法，多听听员工的意见。要学会忘记自己是学富五车的行家里手，放弃所有阻碍"纳新"的东西，否则，可能会永远是那只盛满了水的杯子！

你的感悟

6. 飞机在起飞的时候最耗油

新华社记者司马波音 23 岁入行，在 28 岁时就获得了包括中国新闻大奖在内的许多新闻奖，成为当时中国最年轻最有成就的记者。当有人问他成功的秘诀时，他只说了一句话：飞机在起飞的时候最耗油。

心得感悟： 是的，飞机在起飞的时候最耗油，必须开足马力，全力攀升，而一旦进入万米高空，则十分省油而且可以自由翱翔。作为一名银行职员，在事业刚刚起飞的时候，就一定要多加油，努力学习各种业务知识，不断提升自己的职业素养，这样才能开足马力，全力攀升，最后自由翱翔在事业的高空。

7. 把厕所打扫得比厨房还干净

曾任麦当劳执行总经理、负责管理麦当劳遍布全球的 3 万余个餐厅运营的查理·贝尔，在 15 岁时迫于生计，找到麦当劳店店长，请求获得一份工作。被婉拒后，他怯生生地说："我看到您这儿厕所的卫生状况不是太好，这样也许会影响您的生意。要不，安排我扫厕所吧。只要给我解决吃住就行了。"店长同意了。贝尔每天天还没亮就来到店里，把厕所彻底清扫一次，然后定时保洁。不久，他就摸索出了打扫厕所的窍门：先把大的纸张扫了，然后撒些干灰在又湿又脏的地方，把水吸干再扫。后来，他在厕所里摆放花草，还把谚语警句抄好贴在厕所墙上，让顾客在方便时还能感受文化的魅力。

就这样，贝尔从打扫厕所干起，直到后来成为管理全球麦当劳事务的执行总经理。

心得感悟：任何事，不管贵贱如何，都要认真对待。毛主席说过：世界上怕就怕认真二字。能否把厕所打扫好，是块"试金石"，可以看出你是不是一个认真负责的人，是不是一个爱岗敬业的人。如果一个人把扫厕所看作是一件很重要的事，具有把厕所扫得比厨房还干净的敬业和执著，并且持之以恒，那么还有什么事做不好呢？作为银行员工，我们要时刻牢记：一件事，你可以不去做；可是如果你做了，就要全力以赴地去做好。"一屋不扫，何以扫天下？"从扫好麦当劳的一个厕所开始，一直到当好全球麦当劳执行总经理，贝尔的故事告诉我们，无论什么事，只要用心去做，坚持到底，定会有所收获。

你的感悟

8. 人才是什么？

A与B毕业于同一所院校，并同时到一家宾馆工作。一年后，A升为餐厅部主管，B却似乎被经理遗忘了一样，仍是一名门童。B很不服气，就去质问经理。经理说："让我看看你办事如何，然后再来判断是否对你有所亏待。你去帮我看看超市里今天有没有白灵菇卖。"B很快从超市回来说："有得卖。"经理问："有多少呢？"B又跑出去，回来说："有20箱"。经理又问价格多少，B只好再次跑到超市……

经理示意B休息，然后叫来A，对他说："请你马上到超市看看今天有没有白灵菇卖。"A很快从超市回来，汇报说："目前摆放在货架上的有20箱，在仓库中还有10箱，价格比前天还优惠2元，质量也很好，我建议咱们再进一批。超市近期还进了一批优质的猴头菇，而这正是我们没有的。所以，我拿了几个猴头菇做样品，您的意见呢？"这时，经理看着在一旁红了脸的B，笑了。

心得感悟：套用电影《天下无贼》中的一句话，21世纪什么最贵？人才。而什么是人才？就是那些比别人多做一点、更主动一点、更关注细节的人。人才，就是不等管理者分配任务，就能出色地去做事的人。因此，在工作中不要非得等领导的安排和督促你才去完成什么，而是要学习主动一点，比别人多做一点。

9. 身后有一匹狼

在新兵跑步训练场上，有个新兵任教官想了各种办法也还是不能达标，教官最后决定把训练基地转移到一崇山峻岭间。

像以前一样，这位新兵仍然是跑得慢腾腾的。但是有一天，当他正在训练时，忽然听见身后传来狼的叫声，开始是零星的几声，似乎还很遥远，但很快就急促起来，而且就在他的身后。他知道有一匹狼盯上他了，便拼命地往前跑，那天，他的成绩好极了——他终于达标了！

教官见了他，意味深长地对他说："原来不是你不行，而是你的身后缺少一匹狼。"后来他才知道，那天根本就没有狼，他听见的狼的叫声，是教官在长期实践中针对新兵们的心理，特意用录音机播放的。从那以后，每次训练时，他都想象着身后有一匹狼在追赶他，成绩突飞猛进，最后终于成为了一名优秀的战士。

心得感悟：人都有天生的惰性，没有外界压力的激发，人的潜能便永远被惰性制约，以至于什么事情都做不好。事实证明，人的潜能总是在身处绝境时才能完全地被激发出来。适当的压力，不仅是我们发挥潜能的刺激因素，更是让我们挑战自我的最佳助力。不断激发自己的潜能，几乎是每个人追寻的目标，如果你也能时时想到背后有匹狼在不停地追赶你，时刻有一种危机意识，自我加压，那么你也会成为一个优秀的人。

10. 乌龟的故事

在非洲大草原的某个动物王国里，乌龟正躺在池塘边晒太阳，这时，它听到一只小灰兔说：“狮王的大儿子要举行成人礼，邀请所有的动物都去参加庆典。”“既然狮王的大儿子即将成为大草原上的保护者，并邀请所有的动物都去参加庆典，那我也应该去”乌龟心里想。

就这样它上路了，在路上它碰见了小狐狸、鹦鹉、鼹鼠等各种小动物，它们也是去参加庆典的。在听完乌龟的想法后，它们用嘲笑的口吻说：“乌龟老哥，不是我们说你，庆典就在一个月之后举行，可你爬得这么慢，能赶上吗?”

但乌龟执意前行。几年后，乌龟终于爬到了狮王的王宫前。只见王宫前处处张灯结彩，各种动物也几乎来齐了。这时一只小猩猩对它说：“乌龟老哥，你好呀，你也是来庆贺狮王小儿子的成人礼吗?”

心得感悟：俗话说：“有志者，事竟成。”只要有志向，并坚持不懈，迟早都会做出成绩。如果乌龟听了别人的规劝后放弃前行的念头，又怎能赶上狮王小儿子的成人礼呢？很多人老是抱怨上天不公，抱怨自己生不逢时，虽然也想做出改变，但很快又会说服自己，一切的改变都太迟了，都没什么用了。其实不然，从你诚心改变的那一刻，成功的光环就已经闪现了。“世上无难事，只怕有心人”，只要坚持不懈，就会最终实现心中的梦想。

11. 打好手里的牌

有一次，几个小伙伴在一起玩纸牌，其中一个孩子连续几次都抓了很差的牌，他开始不高兴地抱怨。在一旁做家务的妈妈停了下来，正色对他说："如果你要玩，就必须用你手中的牌玩下去，不管那些牌怎么样！你能做的就是尽你全力，达到最好的效果。"

几十年过去了，这个孩子一直牢记着母亲的话，再也没有对生活有过任何抱怨，相反，他总是以积极乐观的态度去迎接命运的每一次挑战，尽己所能做好每一件事。他也因此获得了丰厚的回报：从一个默默无闻的平民家庭走出，一步一步成为中校、盟军统帅。他就是——美国历史上第 34 任总统艾森豪威尔将军。

心得感悟：理想的人生贵在积极进取，而不是报怨宿命。许多时候人生正如打牌一样，既然发牌权不在你手里，那么，你能做的就是用你手里的牌打下去，我们没有选择发牌的权力，但我们有选择态度的权力。选择什么样的生存态度，就会拥有一种什么样的人生。

12. 机会

A是某合资公司的白领，总觉得自己满腔抱负却没有得到上司的赏识，他经常想："如果有一天能见到老总，有机会展示一下自己的才干就好了！"A的同事B也有同样的想法，但他更进一步，就是去打听老总上下班的时间，算好他大概会在何时进电梯，想在同一时间去乘电梯，希望能遇到老总，有机会可以打个招呼，但这种想法一直没有付诸行动。

他们的同事C则更进一步，他详细了解了老总的奋斗历程，弄清老总毕业的学校、人际风格、关心的问题，还精心设计了几句简单却有分量的开场白，并在算好的时间去乘坐电梯，跟老总打过几次招呼后，终于有一天跟老总长谈了一次，不久就争取到了更好的职位。

心得感悟：这个故事，让我们清楚地了解了世上的三种人：第一种人等待机会，什么也不做，自以为是，从不去想主动创造机会；第二种人清楚地知道创造机会的重要，但却没有坚持把自己的理想付诸行动；第三种人则勇于创造机会，懂得如何利用自身的优势，不断学习，充分准备，在机会来临时敏锐把握。在这三种人中，只有第三种人才会在最后获得成功。

13. 鹰之重生

鹰是世界上寿命最长的鸟类，最多可以活到70岁。

然而，要活那么长的寿命，鹰在40岁时必须做出艰难但是很重要的决定。当鹰活到40岁时，它的爪子开始老化，无法有效地抓住猎物；它的喙变得又长又弯，几乎碰到胸膛；它的翅膀变得十分沉重，因为它的羽毛长得又浓又厚，飞翔十分吃力。

它只有两种选择：等死，或经过一个十分痛苦的更新过程——150天漫长的操练！

它必须很努力地飞到山顶，并停留在那里，在悬崖上筑巢。

它必须用它的喙击打岩石，直到喙完全脱落，然后静静地等候新的喙长出来。

它必须用新长出的喙把指甲一根一根地拔出来，然后慢慢地等待新的指甲长出来。

它必须用指甲把羽毛一根一根地拔掉，然后再等上5个月，直到新的羽毛长出来。

这时，鹰就获得了新生的力量，开始飞翔，重新再过30年的岁月。

心得感悟：在我们的生命中，有时候必须做出困难但重要的决定。要开始一个新的过程，就必须把旧的习惯、旧的传统抛弃。而只有愿意放下旧的包袱，愿意学习新的技能，才能发挥潜能，创造新的未来。我们需要的，正是自我改革的勇气与再生的决心……

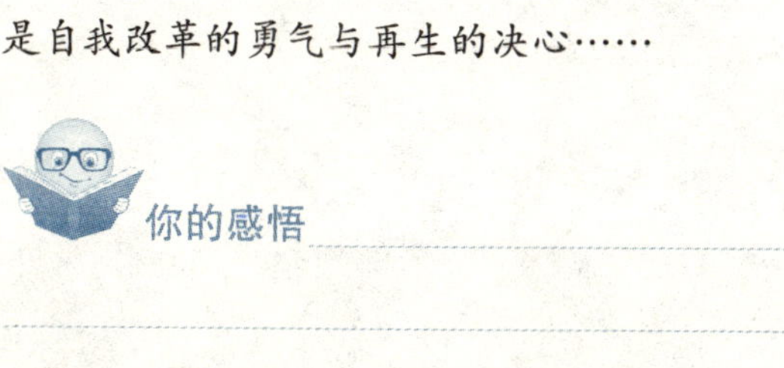

14. 使自己成为一颗晶莹剔透的珍珠

有一个自以为是的年轻人，毕业以后一直找不到理想的工作，他一直觉得自己怀才不遇，因此非常沮丧。有一天，他来到大海边观赏风景，但他的心情严重影响了他的兴致，他一边看一边唉声叹气。这时，正好有一位老人从这里走过，看到他垂头丧气的样子，就问他为什么心情不好，他说自己空有满腹才华，却得不到社会的认可，得不到欣赏和重用，心里很是郁闷。老人听了他的话，从沙滩上捡起一粒沙子，然后随便扔在地上，对年轻人说："请你把我刚才扔在地上的那粒沙子捡起来。""这根本不可能捡到！"年轻人说。老人没有说话，接着又从自己的口袋里掏出一颗晶莹剔透的珍珠，扔在地上，然后对年轻人说："那这颗珍珠你总能捡起来吧？""这当然可以！"

心得感悟：这个小故事阐释了一个人生的大道理，那就是——要使自己卓然出众，受到社会的认可和他人的欣赏，就必须先使自己成为一颗晶莹剔透的珍珠。当然，要把自己锤炼成这样一颗珍珠，不仅仅是要有这个理想，更多的是要全力以赴，通过学习、实践，不断升华自己，让自己更加充实。只有这样，才有可能成为那颗大家都瞩目的珍珠。

15. 被冻死的寒号鸟

有一只寒号鸟，凭着一身漂亮的羽毛和嘹亮的歌喉，到处游荡卖弄。好心的鸟儿提醒它说："寒号鸟，快垒个窝吧！不然冬天来了怎么过呀?"

寒号鸟轻蔑地说："冬天还早呢，着什么急呢？趁着现在大好时光，快快乐乐地玩耍吧!"

就这样，日复一日，冬天转眼就到了。鸟儿们晚上都在自己温暖的窝里安详地休息，而寒号鸟却在夜间的寒风里，冻得瑟瑟发抖，用美丽的歌喉悔恨过去，哀叫未来："哆啰啰，哆啰啰，寒风冻死我，明天就垒窝。"

第二天，太阳出来了，万物苏醒了。寒号鸟好不得意，完全忘记了昨天晚上的痛苦，又快乐地唱起歌来。

有鸟儿劝它："快垒个窝吧！不然晚上又要挨冻了。"

寒号鸟嘲笑它说："不会享受的家伙。"

晚上又来临了，寒号鸟又重复着前一天晚上的故事。终于，在一天晚上，大雪突然降临，鸟儿们都奇怪寒号鸟怎么不发出叫声了呢？太阳一出来，大家寻去一看，寒号鸟早已冻死了。

心得感悟：在人的一生中，"今天"是多么重要，只有把握今天才能成就自己。寄希望于明天的人，是一事无成的人。今天你把事情推到明天，明天你又把事情推到后天。这样下去，一而再，再而三，事情永远没有做。只有那些懂得如何利用"今天"的人，才会在"今天"所创造的成功事业的奠基石上，孕育出明天的希望。

你的感悟

16. 盲目模仿的驴

主人家养着一条小狗和一头驴。每天主人回家时，小狗总是飞快地迎上去，又是摇晃尾巴又是亲热地叫唤。主人也总是高兴地抚摸小狗，小狗还伸出舌头温柔地舔舔主人的脸。

驴看着这一切，心中很是不快。心想自己这么只知道埋头苦干不行，活干得多还经常挨打。小狗什么也不干还挺美，看来要想办法与主人联络感情。

拿定主意的驴等主人回家时也大叫着迎了上去，把蹄子搭在主人肩上，伸出舌头。主人又惊又怒，使劲把它推开。驴重重地摔在地上，又被狠狠地打了几鞭子。

心得感悟：哲人有言："上帝塑造了我，然后把模子打碎了。"每个人生来都是与众不同的，都有自己的优点和特长，是别人替代不了的。由此，每个人都有适合自己的工作，也有不适合自己的工作，看人家做得好好的，但自己未必能行。就像驴无论多么扭捏作态，都不及小狗可爱一样。在这个意义上说，每一个人只有理智地做好自己的人生定位，找到适合自己的工作，才能发挥自己的特长，干出一番事业。

17. 被赶出家园的小狐狸

沙漠中有一窝小狐狸。小狐狸长到能独自捕食时，母狐狸就把它们统统赶了出去。小狐狸恋家，不肯走，母狐狸就又咬又追，毫不留情。有一只小狐狸的眼睛是瞎的，但是母狐狸并没有给它特殊的照顾，照样把它赶得远远的。因为母狐狸知道，没有谁能养它们一辈子。

小狐狸从被母亲赶出家园的这一天开始长大了，那只瞎眼睛的小狐狸也终于学会了靠嗅觉来觅食。

心得感悟：我们不得不佩服狐狸妈妈的远见！在这个世界上，没有人可以依赖别人生活一辈子。

一个人一旦有了依赖的想法，自以为样样有人供给，就很难再有勤勉努力的精神，更不要说独立自主，实现人生价值了。俗语说：靠人不如靠己。说的就是不要依赖他人，依赖他人不如依靠自己。虽然别人可以在必要时扶你一把，但别人还有别人的事，不能变成你的一部分，来永远支持你。只有让自己独立起来，才有可能获得成功。

你的感悟

18. 山羊的影子

早晨，一只山羊在栅栏外徘徊，想吃栅栏里面的白菜，可是它进不去。

这时，太阳东升斜照大地，在不经意间，山羊看见自己的影子，拖得很长很长。“我如此高大，定会吃到树上的果子，吃不吃这白菜又有什么关系呢?”山羊对自己说。

远处，有一大片果园，园子里的树上硕果累累。于是，山羊朝着那片园子奔去。

到达果园，已是正午，太阳当顶。这时，山羊的影子变成了很小的一团。“唉，原来我是这么矮小，是吃不到树上的果子了，还是回去吃白菜的好!”于是，它又转身往回跑去。跑到栅栏外时，太阳已经偏西，它的影子又被拉得很长很长。

“我干吗非要回来呢?”山羊很懊悔，“凭我这么大的个子，吃树上的果子不是轻而易举的吗!”

心得感悟：这个故事中的山羊根本不了解自己，又缺乏主见，所做的决定随太阳照射产生的影子而不停改变，结果什么也没有吃到。

当你看到别人成功的时候，会不会非常羡慕，然后急着去拷贝他的成功模式，按他所说的去做呢？在你听来，这个人说得对，那个人说得也对，这个人做得很顺利，那个人做得很成功，但是当你把他们的成功模式套到自己身上时，却是这里出错，那里也出错，根本无法达到你预期的效果，这是为什么呢？最主要的原因就在于你根本不了解自己，也不清楚自己想要的是什么，就像故事中的山羊一样。

如果山羊能在选定目标后坚定初衷，不见异思迁，不好高骛远，想办法突破栅栏的限制，早就进去享用大餐了。所以选定目标后，应马上制定计划，并按计划去实现目标，不因为别人的看法而影响自己，因为目标是自己定的，不要因为别人的一句话而产生动摇。

你的感悟

19. 狮子的错误

狮子爱上了农夫的女儿，请求农夫将女儿嫁给它。农夫既不忍心将女儿许配给猛兽，又不敢直接拒绝，冥思苦想，终于想出了一个办法。当狮子来催促婚事时，农夫对它说："我很愿意将女儿嫁给你，但你的牙齿太长了。"

狮子闻言就把牙齿拔了，然后又回来找农夫提亲。农夫说："还不行，你的爪子也太长了。"狮子又去把利爪磨平了，然后又回来要农夫把女儿嫁给它。农夫看到狮子已经解除了武装，就不再怕狮子了，于是就把它的脑袋打开了花。

心得感悟：轻易放弃已有的优势是一种不明智之举，优势一旦丧失就再也不容易获得了。另一方面，这个故事也说明了这样一个道理，那就是再尖锐的牙齿，再锋利的爪子，也比不上一个会思考的头脑。

你的感悟

20. 老鼠百变

丛林中有一只老鼠，整天闷闷不乐。它自感形象不佳，本领又小，生活在社会的最底层，谁都可以瞧不起它。“看人家猫多神气啊。”它想。

苦恼的小老鼠来到山神面前，再三哀求给予帮助，把它变成一只猫。山神终于被缠不过，答应了它的要求。于是小老鼠变成了一只神气的猫。

没高兴几天，又有了新的问题，原来猫怕狗呀。它又去求山神，把自己变成一只狗。可谁料，狗怕狼，于是它又跑去请求变成狼……

最后，它变成了一头大象。它昂首挺胸，在丛林中漫步巡视，威风凛凛。动物们见了它都低头哈腰，恭恭敬敬，小老鼠心中别提有多高兴了。

可没过多久，小老鼠又有了一个新发现：大象最怕的竟然是老鼠。这时它眼中最伟大的形象又变成了老鼠，于是它又跑去哀求山神……

心得感悟：这个寓言故事告诉我们，不论是什么样的工作岗位，都有它不可替代的价值和意义。如果我们像故事中的这只小老鼠，总是不安心于自己的定位，想象着别人过得是如何风光，抱怨自己的工作无价值、没意义，让自己的一生都在不断的跳跃和动荡中，到头来一事无成，枉自嗟叹不如一早就安心做一只快乐的小老鼠，殊不知已为时太晚了。其实，一个人不论处在什么位置，只要有高尚的道德和良好的职业精神，就能活出一个无怨无悔的人生。

Chapter 3

领导谋略

1. 常小跑的思科总裁

在思科，广泛流传着这样一个故事：公司总裁钱伯斯先生来上班时，经常小跑着从大老远的街对面过来。原来，在思科有这么一个不成文的规定，那就是最好的停车位是留给员工的，管理人员哪怕是全球总裁也不享有特权。钱伯斯先生来上班，看到公司门口的停车位已满，就自觉地把车停到街对面，又因为有几位重要的客人在等着他，所以就只好这样小跑着来公司了。

心得感悟：中国历来官本位思想严重，作为以服务客户为核心业务的银行也不例外。在多数银行内部，领导和员工之间、上级和下级之间有着明显的等级观念，领导享受着大部分员工所不能享有的特权，并且心安理得，对员工颐指气使，这使得领导与员工之间产生了无形的隔阂。其实一家优秀的银行，其企业文化的精髓应更集中在日常管理的点点滴滴上，而作为企业管理者，不管是高层还是中层，都应该切实改变自己的管理理念和工作作风，像思科总裁钱伯斯那样，严于律己、爱护下属，这样才可能把自己的员工凝聚成一个有力的团队，从而把银行做大、做强。

2. 驴马之鉴

有人养了一头驴和一匹马。因为主人偏爱那匹马，每有劳作，驴总比马辛苦许多。为此，驴没少抱怨，但是马恃宠自傲，不理驴怨。

一天，主人带它俩去郊外拉货，驴力小而载多，马轻荷而逍遥。路远日烈，驴渐不支，求助于马，马却不肯助驴一丝一毫。久之，驴不堪重负，劳累过度，终于倒地气绝而亡。主人只好把驴所负货物尽载于马。日头愈烈，路途遥远，马独荷重负，只能后悔不已。

心得感悟： 每一个成功的企业依靠的都是团队的力量，一个积极向上的团队能够激发团队中每一名成员的热情，从而凝聚成无穷的力量。然而一般来说，有些银行的高管会对属下的员工有亲疏之别。因此作为高管一定要特别注意这一点，若是因亲疏关系不同而对员工区别对待，则员工们极有可能重蹈故事中驴马之覆辙，进而对银行的整体业务造成不可估量的损失。当然，身为管理者，更应力戒故事中主人的作为，舍弃一己的亲疏好恶，从银行的长远利益出发，对下属一视同仁、平等对待，充分调动下属的积极性；而身为普通员工，要深知同仁间唇齿相依、互为依附的道理，学会精诚合作，以形成最大合力。

3. 感恩的心

有一家中国公司每年都会招聘新员工，最后一关由经理亲自面试，而面试的题目仅有一题："请问你有没有给母亲洗过脚？有何感想？"有个来应聘的大学生很不好意思地说："还真没有给母亲洗过脚。"经理便让他回去亲自为妈妈洗一次脚，3 天后再来面试。小伙子回到家，端来热水帮妈妈洗脚，这是他成年后第一次和母亲离得这样近，内心感到无比的温暖，同时他也发现母亲的脚是那样的粗糙，真正体会到了母爱的无私和奉献。3 天后再次面试时，小伙子怀着激动的心情同经理谈了很多很多，最终被顺利地录用。

心得感悟：从故事中我们可以看出，这位经理的用人哲学是会做事不如会做人，会做人不如会感恩，会感恩的人是最好用的人。我们只有常怀一颗感恩的心，才会更好地认识自己，珍惜自己的每一次工作机会，才会在工作时任劳任怨、全力付出。在银行经营管理中，也是如此，不论是选拔干部还是招聘员工，都要把是否具有感恩之心当作考核的重点，从而真正打造出干劲足、肯奉献的团队。

你的感悟

4. 养牛之道

一位旅行者来到乡间，看到一位老农把喂牛的草料铲到一间小茅屋的屋檐上。他不免感到奇怪，于是就问道："老公公，你为什么不把喂牛的草放在地上让牛吃?"老农说："这种草草质不好，我要是放在地上，牛就不屑一顾；但是我把草料放到让它勉强才够得着的屋檐上，它就会努力去吃，直到把全部草料吃个精光。"

心得感悟： 人有时候也是这么奇怪，俯首可得的东西往往不认为是好的，反而觉得需要费力去争取的才是好东西。作为一名管理者我们不妨借助人的这种思维习惯，为员工施加一些压力，不断提升工作的难度，使每位员工在完成有些难度的工作之后富有成就感，这样员工就会得到激励，就会更加努力工作。

你的感悟

5. 子贱放权

孔子的学生子贱奉命担任某地方的官吏。当他到任以后，却时常弹琴自娱，不管政事，可是他所管辖的地方却治理得井井有条，民兴业旺。这使前任官吏百思不得其解，因为他每天即使起早摸黑，从早忙到晚，也没有把地方治好。于是他请教子贱："为什么你能治理得这么好？"子贱回答说："你只靠自己的力量去治理地方，所以十分辛苦；而我却是借助别人的力量来完成任务。"

心得感悟： 有些银行行长总喜欢把一切事务都揽在自己身上，事必躬亲，管这管那，从来不把任何一件事放心地交给手下人去做，这就使自己整天忙忙碌碌不说，还会被银行内部的大小事务搞得焦头烂额。一个聪明的领导人，要向子贱学习，正确地利用下属的力量，发挥团队协作精神，不仅能使团队很快成熟起来，同时，也能减轻管理者的负担。管理者，要"管头管脚（指人和资源）"，但不能从头管到脚。

6. 鸭子只有一条腿

清朝有一位王爷手下有个著名的厨师，他的拿手好菜烤鸭深受王府里的人喜爱，尤其王爷更是倍加赏识。不过这个王爷从来没有给予厨师任何鼓励，使得厨师整天闷闷不乐。

有一天，王爷有客从远方来，在家设宴招待贵宾，点了数道菜，其中一道就是王爷最喜爱吃的烤鸭。厨师奉命行事，然而，当王爷夹了一条鸭腿给客人后，却怎么也找不到另一条鸭腿，他便问厨师：“另一条鸭腿呢?”厨师说：“禀王爷，我们府里养的鸭子都只有一条腿!”王爷感到诧异，但碍于客人在场，不便问个究竟。

饭后，王爷便跟着厨师到鸭子笼去查看究竟。时值夜晚，鸭子正在睡觉，每只鸭子都只露出一条腿。厨师指着鸭子说：“王爷您看，我们府里的鸭子不全都是只有一条腿吗?”王爷不信，便大声拍掌，鸭子当场被惊醒，都站了起来。王爷说：“看，鸭子不全是两条腿吗?”厨师说：“对！对！不过，只有鼓掌拍手，鸭子才会有两条腿呀!”

心得感悟：要使人们始终处于施展才干的最佳状态，惟一有效的方法，就是表扬和奖励，没有比受到上司批评更能扼杀人们积极性的了。在员工情绪低落时，激励奖赏是非常重要的。身为管理者，要经常在公众场所表扬那些做出成绩的员工，并适当给予物质奖励，这不仅可以激励他们更加努力，还能带动其他员工争创佳绩。一点小投资，可换来数倍的业绩，何乐而不为呢?

你的感悟

7. 蝴蝶的故事

有一天，一只茧上裂开了一个小口，蝴蝶在艰难地将身体从那个小口中一点点地挣扎出来。有一个人正好看到这一幕，非常心疼，便决定帮助一下蝴蝶：他拿来一把剪刀，小心翼翼地将茧剪开，蝴蝶很容易地挣脱出来，但它的身体却蜷缩在一起。他接着观察这只蝴蝶，期待着在某一时刻，它会打开翅膀飞上天空……然而，这一刻始终没有出现！

这个好心的人并不知道，蝴蝶从茧上的小口挣扎而出的过程，也是将体液从身体挤压到翅膀的过程，只有经过这个过程它才能在破茧而出后展翅飞翔……

心得感悟： 有时候，在我们的生命中需要奋斗乃至挣扎。如果生命中没有障碍，我们就会很脆弱。作为经营货币的特殊企业，银行的各项工作充满风险与艰辛，但我们必须毫无畏惧地接受这些工作，直面所有障碍和困境，并充满信心地去克服困难，才能使业务蒸蒸日上。

你的感悟

怎么就死了呢？

8. 三只青蛙

三只小青蛙在打闹中不小心掉进了牛奶桶，由于牛奶很滑，三只小青蛙游也游不动，跳也跳不起。第一只青蛙说："好端端地掉进牛奶里，我的命好苦啊！"然后它一动不动，等待着死亡的降临。第二只青蛙试着挣扎了几下，感到一切都是徒劳，绝望地说："今天死定了。"于是就一头扎进牛奶深处，自己淹死了。第三只青蛙什么也没说，只是拼命蹬着后腿，试图跳出去。第一只青蛙说："算了吧，没用的，这么深的牛奶桶，再怎么蹬也跳不出去啊。""也许能找到什么垫脚的东西呢！"第三只青蛙说。但是桶里只有滑滑的牛奶，根本没有什么东西可以支撑它，小青蛙一脚踏空，两脚踏空……时间一分一秒地过去了，小青蛙精疲力竭，几乎要放弃了，但是一种本能的求生欲望支撑着它一次又一次地蹬了后腿，它感到牛奶越来越稠，越来越难以游动……慢慢地，奇迹出现了，牛奶逐渐硬起来了——原来牛奶在它的拼命搅动下，变成了奶油块。此时那只等死的小青蛙也发现了这一点，它兴奋地叫了起来，两只小青蛙奋力一跳，终于都跳出了牛奶桶，而它们的另一个同伴，却再也没能出来。

心得感悟：相信在每个人的一生中，都有过类似掉进奶桶的经历吧：希望是那么渺茫，甚至都不想活了！大多数人会像第一只青蛙一样，好死不如赖活着，撑一分钟是一分钟，活一天是一天；也有少数人像第三只青蛙一样，不相信命运，即使面临多难的险境，在多无望的时刻，仍然有一种信念支撑，仍然在奋力拼搏。

这对我们的管理，也很有启发，当压力和危机来临时，管理者如果先乱了阵脚，不知所措，或者什么也不做，任凭事态发展而不顾，如何能让下属信服？如果你想在一个实力相当平均的团队中成为领袖，那就在处理危机时学学那只努力找寻支撑点的青蛙吧，也许就因为你的坚持和努力，最终会带领团队安然度过危机。实际工作中，管理的技巧并不是最重要的，人格的感召力和面临危机时的大智大勇才会真正树立起领导威信。

你的感悟

9. 喜欢绕圈爬行的毛毛虫

生物学家法布尔发现一种奇怪的毛毛虫，喜欢排成一列爬行，最前面的一只毛毛虫负责爬行方向，后面的只管跟从。他做了一个有趣的实验：诱使最前面的毛毛虫围绕一个花盆绕圈，其他的毛毛虫就跟着领头的毛毛虫，一只接着一只，最后首尾相连，形成了一个圈。每只毛毛虫都跟着它前面的毛毛虫爬啊爬，周而复始，居然几天不停！最后毛毛虫终于全部在行进中饿死了。

心得感悟：毛毛虫们无疑个个都有团队精神，个个遵守秩序，不越雷池半步，但致命的是，它们没有一个真正的头领，因而整体失去了正确的判断，盲目盲从，掉入怪圈。这个故事告诉我们，作为银行的高管人员，不仅要有胸怀全局、服从权威的团队精神，还应该具备对事物独到的认识和判断能力，在非常时刻能够勇敢地站出来，把银行引向正确的轨道。

你的感悟

10. 小朋友与主持人

一位主持人有一天现场采访一名小朋友，问他说："你长大后想要当什么呀?"小朋友天真地回答："我要当航空驾驶员!"主持人接着问："如果有一天，你驾驶的飞机飞到太平洋上空时，所有的引擎都熄火了，你会怎么办?"小朋友想了想说："我会先告诉坐在飞机上的所有人都系好安全带，然后我背上降落伞跳出去。"当现场的观众笑得东倒西歪时，孩子两行热泪夺眶而出，主持人发觉这孩子的悲悯之心远非笔墨所能形容。于是主持人问小朋友："为什么要这么做?"小朋友的答案透露出一个孩子真挚的想法："我要去拿燃料，我还要回来!!"。

心得感悟：作为一名领导，你真地听懂员工的话了吗? 你是不是也习惯性地用自己的权威打断员工的发言? 作为一名领导，你是不是也经常在员工还没有来得及讲完自己的看法前，就按照以往的经验大加评论和指挥? 这样做，一方面容易做出片面的决策，另一方面会使员工产生不被尊重的感觉。时间久了，员工就再也没有兴趣向上级反馈真实的信息了。如果反馈信息系统被切断，领导就成了"孤家寡人"，在决策上就成了"睁眼瞎"。因此应及时纠正管理中的错误，制定更加切实可行的方案和制度，时刻与员工保持畅通的信息交流，只有这样你的管理才会如鱼得水。

11. 花园与珍木

一位行长被调往一家商业银行。专门整顿业务。可是，日子一天天过去了，新行长却毫无作为，每天坐在办公室里，难得见他出过门。那些之前非常紧张的坏分子，现在反而更加猖獗。他哪里是个能人，根本就是个老好人。五个月过后，新行长却发威了，那些无所事事、搬弄是非者一律被辞退，而那些勤奋敬业者则获得了提升。在年终总结会时，新行长向大家致辞：相信大家对我上任之初的表现和后来的表现，一定会感到不解。现在听我说个故事，各位就明白了。

我有位朋友，买了栋带花园的房子，他一搬进去，就将花园内的杂草杂树一律清除掉了。一日，以前的房主回时访大吃一惊，问他：那些名贵的花木哪去了？我这位朋友才发现，他居然把一些珍贵的花木当作野草杂木给铲除了。几年后，他又买了一栋房子，虽然院子杂乱，他却按兵不动，果然，在冬天以为是杂树的植物，春天里开满了繁花；春天以为是野草的，夏天却花团锦簇；半年都没有动静的小树，秋天居然红了叶。直到暮秋，他才将那些无用的植物挑选出来并大力铲除，而所有珍贵的草木都得以保存下来。说到这儿，行长顿了一下，接着说道："如果我们这家银行是个花园，你们就是其间的珍木，珍木不可能一年到头都开花结果，只有经过长期的观察才认得出啊。"

心得感悟："路遥知马力，日久见人心"，作为一名领导，不能以一时的观察或表面现象而判定一名员工的价值高低，要真正了解一个人，需要长时间持续地观察。毛主席曾说过，"没有调查就没有发言权。"一名领导没有观察力就没有准确的判断力。新上任的领导更应牢记，先观察后决定，这样优秀的员工不会因少言寡语或一时之错，而遭到无情的"铲除"；而靠搬弄是非、玩嘴皮子耍小聪明的员工，也不会因为能言巧语而得到重用。

你的感悟

12. 表率的作用

春秋时期晋国有一名叫李离的狱官，他在审理一件案子时，由于听从了下属的一面之辞而致使一个人含冤致死。真相大白后，李离准备以死赎罪，晋文公说：官有贵贱，罚有轻重，况且这件案子主要错在下面的办事人员，又不是你的罪过。”李离说：“我平常没有跟下面的人说我们一起来当这个官，拿的俸禄也没有与下面的人一起分享。现在犯了错误，如果将责任推到下面的办事人员身上，我又怎么做得出来。”他拒绝听从晋文公的劝说，伏剑而死。

心得感悟：正人先正己，做事先做人。作为一名管理者要想管好下属必须以身作则，我们常说“己不正，不能正人”、“火车跑得快全靠车头带”，示范的力量是巨大的。我们不仅要像先人李离那样勇于承担责任，而且要事事为先，严格要求自己，做到“己所不欲，勿施于人”。领导者一旦通过表率作用树立起在员工中的威望，将会使团队上下同心，大大提高团队的整体战斗力。得民心者得天下，做下属敬佩的领导将使管理工作事半功倍。

13. 缺口

一位著名企业家在做报告，当听众咨询他获得成功的做法时，他拿起粉笔在黑板上画了一个圈，只是并没有画圆满，留下一个缺口。他问听众："这是什么?""零。""圈。""未完成的事业。""成功。"台下的听众七嘴八舌地回答。

他微微地笑了一下，说："其实，这只是一个未画完整的句号。你们问我为什么会取得辉煌的业绩，原因很简单：我不会把事情做得很圆满，就像画个句号，一定要留个缺口，然后让我的下属去填满它。"

心得感悟： 举凡大事小事，定要亲自过问——这其实是对员工的不信任，往往会挫伤员工的工作积极性。长此以往，员工容易产生惰性，责任心大大降低，从而把责任全部推给管理者。情况严重者，会导致员工产生逆反心理，即使工作出现错误也故意隐瞒不报。一名优秀的领导要学会给员工留下空间，让他们充分发挥自己的聪明才智。多让员工参与银行的决策事务，是对员工的肯定，也可以满足员工自我价值实现的精神需要。赋予员工更多的责任和权利，往往会取得让你意想不到的成绩。

你的感悟

14. 拿破仑与落水的小男孩

拿破仑在一次打猎的时候，看到一个落水男孩，一边挣扎，一边高呼救命。由于河面并不宽，水也不是很深，所以拿破仑不但没有跳水救人，反而端起猎枪，对准小男孩，大声喊道："你若不自己爬上来，我就把你打死在水中。"那小男孩见求救无用，反而增添了一层危险，便更加拼命地奋力自救，终于安全游上岸来。

心得感悟：对待自觉性比较差的员工，若一味地纵容他们，为他们提供方便，很可能对他们的进步和提升是一种损害。很多时候，利用你的权威对他们进行威胁，会及时制止他们消极散漫的心态，激发他们发挥自身的潜力。自觉性强的员工也有满足、停滞、消沉的时候，也有依赖性，适当的批评和惩罚能够帮助他们认清自我，重新激发新的工作斗志。

15. 病狮

一头年老体弱的狮子，无力自行觅食，只好躺在洞穴中。他呼吸困难，说话有气无力，一副病入膏肓的样子。

这消息很快在兽群中传开了，大家都为病狮哀伤不已，它们一个接一个地来探望狮子。可是这头狮子就这样呆在自己的洞穴中，轻而易举地把探望者 个个捉住吃掉了。

狐狸对这件事有些怀疑，最后也来看个究竟。他站得远远地恭问万兽之王安好。狮子道：“啊，我最亲密的朋友，是你呀！为什么站得那么远？来，好朋友，在我这可怜的狮子耳边说句话吧，我快不行啦。”

“愿上帝保佑你！”狐狸说，“但请你原谅我，我不能久留。老实说，我感到十分不安，我看到的脚印都是走进来的，却没有发现走出去的。”

心得感悟：凡事进易退难。率性莽撞而行，常常会把企业置于不利之境地。作为一名银行管理者，在不断学习、创新的同时，更应学会省察前人的足迹，尤其是前人失败的教训；如果不能从以前的教训中得到启示，却仍然埋头向前，那就是愚者了，必将会给银行带来灾难。

你的感悟

16. 秀才买柴

有一个秀才去买柴，他对卖柴的人说：“荷薪者过来！”卖柴的人听不懂“荷薪者”（担柴的人）三个字，但是听得懂“过来”两个字，于是把柴担到秀才前面。秀才问他：“其价几何？”卖柴的人听不太懂这句话，但是听得懂“价”这个字，于是就告诉秀才柴的价格。秀才接着说：“外实而内虚，烟多而焰少，请损之。”（你的木柴外表是干的，里头却是湿的，燃烧起来，会浓烟多而火焰小，请减些价钱吧。）卖柴的人因为听不懂秀才的话，于是就担着柴走了。

心得感悟：管理者平时最好用简单的语言、易懂的言词来传达信息，而且对于说话的对象、时机都要有所掌握，有时过分的修饰反而达不到想要的目的。同时，在交办工作时，要简明易懂，不要让员工费尽心思去悟、去猜。

17. 凯撒大帝将兵

凯撒大帝长久以来一直想占领不列颠岛。一天，他率船队驶向不列颠岛，安静地卸下装备，并下令将整个船队烧毁。然后，他召集所有人员说：“现在，不是胜利，就是死亡，我们没有其他选择了。”他以这样的举动，确保了战役的胜利，因为他知道，当人们没有了其他选择——只能勇往直前时，才会全力一搏，夺取胜利。

心得感悟：凯撒大帝的做法和我国“破釜沉舟”的故事反映了同样的道理，那就是再困难的障碍也阻碍不了一个有决心、有动机、有计划，并且有足够的弹性来对抗情况变化的团队。同样，一名优秀的管理者，只要他能像凯撒大帝那样，能够运用科学的管理手段，在困难面前义无反顾地，有计划、有决心地实施治行方针，就能带领员工走向成功。

你的感悟

18. 心理盲从

美国有位心理学家曾经做过一个实验。

一天，他带了一位学者来到课堂，并上对学生们说："这位是德国著名的化学家，他正在试验一种新的化学物质，这种化学物质遇到空气蒸发后，会让人觉得头晕，但对人体没有任何副作用，也不会造成任何伤害。"

接着，化学家从袋子里拿出一瓶液体，打开瓶盖后拿到每位同学面前晃了一下。随后心理学家说道："觉得头晕的同学请举手。"

有许多同学举起手来。

实验结束后，心理学家对学生们说："同学们，我们刚才所做的是一项心理实验，而非化学实验。这位先生是本校德语教研室的助教，并不是化学家，而所谓的化学物质只不过是一瓶蒸馏水而已。"

心得感悟：每个人都或多或少有盲从性，面对某种暗示，会迷失自我判断的能力而盲目跟从。作为一名领导者，如果也是"人云亦云"，盲目跟从的话，会导致判断的失误，决策的失误。据资料显示，有关机构对中国目前2000多家亏损企业进行了调查，结果发现，有81.9%的企业是由于决策的错误而导致亏损的。

19. 批评的艺术

约翰·卡尔文·柯立芝于1923年登上美国总统宝座。这位总统以少言寡语出名，常被人们称作“沉默的卡尔”，但是他也有一反常态的时候。

他有位漂亮的女秘书，人虽然长得不错，可在工作中常常因粗心而出错。一天早晨，柯立芝看见秘书走进办公室，便对她说：“今天你穿的衣服真漂亮，正适合你这样年轻漂亮的小姐。”

这些话出自柯立芝之口，让秘书小姐受宠若惊。柯立芝接着说：“但也不要骄傲哦，我相信你的公文处理能力和你一样漂亮。”

果然从那天起，女秘书在公文处理上很少出错了。

一位朋友知道了这件事，就问柯立芝：“这个方法很妙，你是怎么想出来的？”柯立芝得意洋洋地说：“很简单呀，你看见过理发师替人刮胡子吗？他要先给人涂肥皂水，为什么呀，就是为了刮起来使人舒服。”

心得感悟： 我们在批评人时，总是抱着这样一个观念：良药苦口利于病，忠言逆耳利于行。殊不知，良药若是苦得让人难以入口，功效从何而来？忠言若是逆得进不了耳朵，又如何起作用呢？其实，忠言若顺耳会更利于行。这是为什么呢？因为人往往比较容易接受肯定、赞美、欣赏的信息，排斥否定、批评、讽刺、挖苦的信号。有时适当的鼓励和表扬，大大胜过严厉的批评；靠强制来改变习惯，不见得有用。人们不是反对改变，而是拒绝被人改变。

Chapter 4

人际沟通

1. 麻雀和牛粪

一只麻雀在冬天来临之际准备飞往温暖的南方过冬，经过几天的飞行，突降的寒流冻僵了它的翅膀，它重重地摔在一个村子的牛棚旁。

正在这时，一头大黄牛“哗”地一下在它的身上拉了一泡臭屎。麻雀心想：“我要被臭死在这里了。”但是令它怎么也想不到的是，温暖的牛粪融化了它身上的寒冰，不一会儿它的两只翅膀竟然可以动了。

麻雀觉得全身暖洋洋的，于是欢快地唱起了歌。正在此时，农户家的大狼狗听见麻雀的叫声，顺着声音来到了粪堆前，一口把麻雀吞进了肚里。

心得感悟：从这个小故事中，我们可以学到三个道理：第一，不是每一个向你泼粪的人都是你的敌人，在生活中、工作中，劝导你的人、批评你的人决不是敌人，而是要帮助你的朋友；第二，把你从粪堆里拽出来的人不一定是你的朋友，或许正是这个人在你困难的时候利用了你；第三，人不能够得意忘形，否则会招来灾祸。

你的感悟

有好吃的！

2. 放大镜与望远镜

在一次大型演讲会上，一位知名的社会学和心理学家这样告诉听众："如果现在有一位长得国色天香的美女来到我们面前，任何一个人拿着一只500倍的放大镜观看这位美女的脸庞，一定会非常失望，因为我们看到的将是一张坑坑洼洼，凹凸不平的脸。但现在如果我们每人拿一只望远镜来看远处的一座高山，我们看到的将是青山秀水，绿荫葱葱，仿佛人间仙境。"

心得感悟：在人际交往中，有的人总是拿着"放大镜"去看别人的短处，非常苛刻地对待别人，以致很难信任他人，也没有朋友。相反，如果拿着"望远镜"来看别人，则始终都能欣赏到美好的一面，就是这不拘小节的特性，可以使人际关系融洽。同时，如果将放大镜的焦点对准自己，虚心请求他人对自己提出最严厉的批评，这样放大镜和望远镜便能同时发挥最大的效用了。严于律己，宽以待人——这正是对"放大镜"与"望远镜"的最好诠释。

3. 赛车的启示

一群朋友去玩儿赛车。因为大家都是头一次玩儿，除了兴奋，心中也不免惴惴不安。

赛车玩儿的就是速度。胆大的，几圈过后，就“飞”起来了；胆小的，任别人一再超过他，也不紧不慢。

回来的路上，一行人仍谈论着赛车。

有一位说：“啊，今天终于有了风驰电掣的感觉。”

另一位说：“我怎么老觉得不够快。”

众人一听都笑了。原来，说“不够快”的，乃是一行人中速度最快者；而“有了风驰电掣的感觉”的，恰是其中最慢的那一位。

心得感悟：人的经历千差万别，人的感受也不尽相同。感觉痛不欲生的未必是世界上最痛苦的人，感觉春风得意的也不一定就是最成功的人。有时人的感受并不能代表事情真相，各人的感受和他对事物的认知、期许与个人的容忍度有很大的关系。发生在一个人身上的事，不能假定发生在另一个人身上也会有同样的结果，因此不要想当然地认为每个人在同一件事上会有相同的反应。

你的感悟

4. 沙漠中的朋友

有两个朋友在沙漠中旅行，途中他们吵了起来，其中一个人还给了对方一记耳光。被打的人觉得受辱，一言不发地在沙子上写下：“今天我的朋友打了我一巴掌。”

他们继续往前走，来到了河边，他们决定过河。被打的那位在渡河时差点淹死，幸好朋友救了他。被救起后，他拿了一把小剑在石头上刻下：“今天我的朋友救了我一命。”

朋友好奇地问：“为什么我打了你以后，你要写在沙子上；我救了你，你要刻在石头上呢?”

被救人回答说：“当一个人被朋友伤害时，要写在容易遗忘的地方，风会负责抹去它；相反地，如果被朋友帮助，要把它刻在心灵的深处，任何东西都不能将它抹去。”

心得感悟： 当你不能原谅别人的时候，先问问自己是不是一个从来都不会犯错误的人，问问自己会不会也有求别人原谅的时候。如果你也做不到从不犯错，就应该原谅别人一时的过错。任何一次的行为都不能代表一个人的本质，一段时期也代表不了一生。没有从不犯错误的人，所以原谅别人就是原谅自己。

5. 猪的标准

一头猪钻进一座富丽堂皇的大宅院中，随心所欲地在马厩和厨房周围逛了一圈，在污泥中打滚，在脏水中洗澡。后来它游罢回家，一副不以为然的样子。

“嗨，你去哪了？”同伴问它。

“去财主家转了一圈。”

“人家说，有钱人家的房子里尽是金银珠宝，东西也一件比一件精美。”

“我向你保证他们在胡说八道。”这头猪哼哼唧唧地说道，“我根本没看见什么珠宝——尽是污泥和垃圾。你也可以想象我不会吝惜鼻子，因为我把那整个后院的泥土都翻遍了。”

心得感悟：每个人都会在自己的兴趣上建立自己的评判标准，但千万不要像这头猪一样，只看到其中一面就下结论，特别是以这样的标准而阻碍什业新的经营和管理理念的实施。在企业管理中这种现象可谓层出不穷，要引起足够的重视。要知道，世界上是没有具备相同知识背景和相同阅历的人的，就好像世界上没有完全相同的指纹一样。所以在任何问题上，如果一味地以自己为中心，以自己的价值观和理念为标准，那就有局限性了，那就是猪的标准。而这种标准带来的不只是别人的耻笑与无奈，更是真理的唾弃。

6. 黄蜂与小鹰讨水喝

黄蜂与小鹰因为口渴得很，就去向农夫讨水喝，并答应给予农夫丰厚的回报。小鹰向农夫许诺它可以替葡萄树松土，让葡萄长得更好，结出更多的果实；黄蜂则表示它能替农夫看护葡萄酒，一旦有人来偷喝，它就用毒针去刺他。

农夫并不感兴趣，对它们说：“我有两头牛，它们什么要求也没有，却能替我干你们说的这些工作。所以对我来说，与其把水送给你们，还不如送给我的牛喝。”

心得感悟：中国有句古话：“平时不烧香，临时抱佛脚。”对于那些平时不努力，也从不为他人做些事情，而只是在不得已需要别人时再去花言巧语一番的人，不会有人助他的。而且，平时不注意与人方便，等到有求于人时，再提出替人出力，这样未免太过于势利，也必将不会得到他人的帮助。

7. 互不相让的山羊

在山脚下的一座狭窄木桥上，两只山羊迎面相遇了。由于木桥过于狭窄，它们同时走根本走不过去的，总得有一只回转过去等着，好让出路来给对方先走。

一只羊说："你得给我让路。"

"凭什么？好大的架子！"另一只羊回答说。

"你往后退，是我先上桥的。"

"不行，老弟！我年纪比你大了几岁哩。"

它们互不相让，最后终于角对着角，将细细的蹄子抵在木桥上，打起架来了。可是木桥是湿的，两只顽固的山羊一滑，就一起掉到水里去了。

心得感悟："与人方便便是与己方便"、"退一步海阔天空"的道理谁都懂，但是发生在自己身上的时候，人们便不自觉地理解成了你"退一步"，我"海阔天空"。这都源于缺少对宽容的认识，缺乏一颗敬天爱人、宽以待人的心胸。如果我们能爱心永存，就会尽可能地赢得别人的好感、信赖和尊敬，就会更好地与周围的人和睦相处。同样，在银行内部，如果每一位领导、员工都有这种"让道"精神，银行就会在和谐的氛围中逐步发展。

8. 鹦鹉救火

很久以前，一只鹦鹉从别处来到一座飞禽走兽都很友善的大山并住了下来，过得相当舒适自在。过了一段时间，鹦鹉离开了这些给它带来欢乐的伙伴，去追寻自己的伙伴去了。

不久，这座山发生了火灾，火焰窜入天空。在远处的鹦鹉看见后，将身子钻进水里，欲用羽毛上的水珠浇灭山火。

山神对鹦鹉的这种行为很不理解。鹦鹉回答说："我也知道我自己的力量救不了火，但我曾经在这山上居住过，山里的动物们曾待我很友善，我实在不忍心袖手旁观，只好尽我所能来帮助它们。"

山神被鹦鹉的话感动，就把大火扑灭了。

心得感悟： 鹦鹉的行为表现了真正的友谊，这种真挚友谊感动了山神，从而帮它扑灭了山火。友谊之所以动人，正是由于这种感情的纯粹。山上的动物之所以能够获救，关键是在于它们能善待这只外来的鹦鹉。如果你想要得到他人的尊重，就必须要学会善待他人，只有这样，在你遇到危难的时候，别人才会帮助你。这对我们管理团队也很有启发，那就是多为团队成员考虑，哪怕只是一件微不足道的小事，也会让团队成员感动不已，从而尽最大可能为银行出力。

9. 蜜蜂的刺

一只蜂后把刚从蜂房里取出来的蜜献给了天神。天神对蜂后的进献很高兴，就答应给它所要求的任何东西。

蜂后于是请求神说："请你给我一根刺，如果有人要取我的蜜，我便可以刺他。"神很不高兴，因为他很爱人类。但因为已经答应了蜂后，不便拒绝它的请求，于是神对蜂后说："你可以得到刺，但那刺会留在对方的创口里，而你将因为失去刺而死亡。"

心得感悟："刺"代表自私、吝啬和狭窄的心胸，这些特质会伤人，同时也会伤害自己。人虽不至于像蜜蜂般丧命，但因自私、吝啬、心胸狭窄而失去朋友，不也像失去生命一样吗？这种痛苦尤甚于失去生命！每个人都有保护自己利益的权利，但如若用有毒的"刺"去伤害别人，往往自己也会因此受到伤害。

你的感悟

Chapter 5

学习创新

1. 拉上你的窗帘

很久以前，美国华盛顿广场杰斐逊纪念大厦的某处墙面出现了裂纹。为了保护这幢大厦，有关专家进行了专门研讨。

专家研究后认为，建筑物表面遭到损害，是由于经常冲洗墙壁而引起的酸蚀造成的。那为什么每天要冲洗墙壁呢？是因为墙壁上每天都落有大量的鸟粪。为什么会有这么多鸟粪呢？是因为墙上有很多燕子爱吃的飞虫。为什么会有这么多飞虫呢？是因为开着窗子阳光充足，大量飞虫聚集在此，超常繁殖……

由此，专家们发现解决问题的办法很简单，只需要拉上大厦某一面的窗帘，一切问题即可迎刃而解。

心得感悟：银行管理是一项系统工程，我们在管理中遇到问题时要充分学会系统思考，多问几个为什么。当遇到问题时，若能从看似不相干的事物中找出必然的联系，往往能够收到事半功倍的效果。只要多问几个为什么，学会系统思考，我们就能找到问题的根源，也就找到了解决问题的方法。

你的感悟

2. 创新的价值

哥伦布发现新大陆后不久，在一次酒会上，有位贵族突然口出狂言：“哥伦布不过就是坐着轮船一直往西走，然后在海洋中遇到一块大陆而已。我相信我们当中任何一个人只要坐着轮船一直向西行，也会发现新大陆的。”

哥伦布听后，微微一笑，并不进行反驳，只是很随便地从身边的桌上拿起一只煮熟的鸡蛋，说：“各位请试一试，看谁能使鸡蛋的小头朝下竖立在桌上。”那位贵族又开口嚷道：“那是绝对不可能的事情。”哥伦布拿起手里的鸡蛋，把小头往桌上轻轻一敲，鸡蛋便稳稳地竖立在桌面上了。众人先是一愣，继而报以热烈的掌声。那位贵族不服气地说：“用这种方法我也能做到。”哥伦布这时正色说道：“世界上的一切发现和发明，在某些人看来是再简单不过了。但请您记住，那总是在发明者指出应当如何去做之后。”

心得感悟： 这只是一个普通的故事，甚至可以说，这只是一个伟大航海家漫长一生中的一个小小插曲。然而，哥伦布在人生关键的时刻，做出了理智而勇敢的选择，所以他成功了。

其实道理很简单，人生重在选择。不一样的选择，就有不一样的结果。哥伦布发现新大陆就是最好的佐证。

现实生活中，不管你过去曾经多么伟大或渺小，机会都是公平的。只要你心中有梦，在人生的关键时刻，善于审时度势，能够做出正确的选择，牢牢抓住命运的那根绳，你就是一个不凡的强者。

你的感悟

3. 水牛和阳雀比喝水

一天早晨，离大河口不远，一头水牛正在大树下休息。这时飞来一只阳雀，落在树上，亲热地同水牛打招呼。

水牛乐了："你喝水也值得到大河来，随便一滴水不就够了吗？"

阳雀却笑着说："你这样想吗？我喝水比你喝得还多呢。"

水牛哈哈大笑："怎么会呢。"

阳雀说："咱们试试看，你先来。"它知道马上就要涨潮了。

水牛伏在河边，张开大嘴，用力喝起来。可不管它喝多少，河里的水不但不少，反而越来越多。水牛肚子鼓鼓的，已经喝不下了。

这时阳雀飞过来，把嘴伸进水中。水退潮了，阳雀追着去喝。水牛伤心地说："你个头不大，却喝得不少。"

"你服了吧？"阳雀笑着问水牛，然后振翅飞走了。留下水牛呆呆地望着河水，它怎么也想不明白，为什么会是这样。

心得感悟：水牛天天在河边喝水，却不知道河水涨退的变化，一味地用蛮力去拼，焉有不输之理。在知识经济时代，不用头脑的"水牛"肯定会被时代淘汰，而聪明的"小阳雀"则知道如何利用自己所学的知识为自己增加竞争力，必将成为优秀的人才。这也教育我们，要不断地吸取新知识、学习新经验，才会在众多竞争中脱颖而出、赢得未来。

4. 善于兼容并蓄的香港银行

2005年，香港某银行成立了一个人员众多的研究部，他们将很大的精力放在了学习和研究同业的运作上。一旦有报道其他银行进行的一些改革或发生的一些问题，这家银行不是做旁观者，而是将自己带进去，联系本行实际，学习借鉴，舍弃不适合本行的东西，并将有关研究报告送至银行决策层。每日的报纸、各行的网站是他们信息的主要来源，其他银行的广告也是他们获取营销信息的源泉。通过不断地学习、吸纳其他银行的经验和教训，该行的业绩每年净增39%，令其他银行艳羡不已。

心得感悟：学习、包容、接纳和摒弃是上述这家银行进步的四个重要步骤，也是他们成功的秘诀之一。银行在不断改变自己，在进行改革，但银行的改革绝不是单打独斗，它是和世界性的金融改革联系在一起的。特别是在同一地区，不同的银行有不同的思维模式，有不同的优势，但又都有共同的特点，共同的问题和困难。因此，学习同业的先进经验，接受和吸取他行的先进理念和做法，比什么都重要。

你的感悟

5. 知道自己的聪明有限

有一个聪明的男孩，有一天妈妈带着他到杂货店去买东西。老板看到这个可爱的小孩，就打开一罐糖果，要小男孩自己拿一把糖果。但是这个男孩却没有动。几次邀请之后，男孩仍没有动。老板无奈，只好亲自抓了一大把糖果放进他的口袋中。回到家中，母亲很好奇地问男孩，为什么没有自己去抓糖果呢？小男孩回答得很妙："因为我的手比较小呀！而老板的手比较大，所以他拿一定比我拿得多很多。"

心得感悟：这是一个聪明的孩子，他知道自己的能力有限，而更重要的，他也明白别人比自己强。凡事不只靠自己的力量，学会适时地依靠他人，是一种谦卑，更是一种聪明。只要有一颗谦卑的心，抛弃无知和自大，不断学习竞争对手或其他企业先进的理念、方法，善于借助他人之手，借脑学习，就一定会使银行走向一条现代化的管理之路。

6. 百灵鸟的歌

每当百灵鸟放开歌喉，那优美的歌声就会立刻招来无数听众，大家议论纷纷夸奖它，百灵鸟听了高兴万分，每天从早到晚不知疲倦地唱着。可是不管它唱得多卖力，听众却越来越少了，最后连一个听众也没有了。百灵鸟很难过，便到喜鹊大姐哪里去诉苦："大姐，我的歌喉那么好，但大家为什么都不来听我唱歌呢？我又没有骄傲！"喜鹊说："小妹，你的歌喉还是那么好，但你总是反复地唱那一支歌，大家都已经听厌了，自然也就不愿再听了。"百灵鸟听了，谢过喜鹊大姐，当天就学了几支新歌。第二天，当它又亮开歌喉时，大家又都飞来了，听得津津有味。

心得感悟：这是一个知识经济时代，是一个变革的时代，不论是哪种企业都需要永续创新，以不断创新的产品和服务满足顾客与市场的需要，才能不断蜕变，而创新则源自于不断地学习，维持性的学习最多只能维持现状，辉煌的成绩依靠的是创新性的团队学习。

你试着换首歌！

我怎么办？

你的感悟

7. 天才协会

美国有个天才协会，会员必须先做智力测验，智商达到 150 以上才能加入该协会。1966 年加入天才协会的布克，今年已经 50 多岁了，可他连高中都没有毕业，因为学习成绩太差了。

有人问布克："你是天才协会的会员，为什么连高中成绩都不及格？"布克愤怒地回答道："那些知识，是为低智商的人准备的，一点意思都没有，我是个天才，怎么读得下去呢？"

布克快到退休的年龄了，却一直是一家清洁公司的清洁工。

心得感悟：努力学习的人不一定都有理想的结果，但不肯学习的人绝对没有理想的结果。在这个提倡终身学习的时代，不但要肯于学习，还要善于学习，要掌握学习的方法，懂得怎样将学到的知识运用到实际中，将学习到的知识转化成生产力。

你的感悟

8. 诗的魔力

纽约的冬天很冷。在一条繁华的大街上，一个双目失明的乞丐脖子上挂着一块牌子，上写“自幼失明”四个字。这时，一个诗人走过他的身边，乞丐听到有人经过，急忙向他乞讨。诗人说：“我也很穷，可是我可以给你点别的。”说完就在乞丐的牌子上写了一句话。那以后，乞丐得到了很多人的同情和施舍。

牌子上写着：“春天就要来了，可我却见不到它。”

心得感悟：从这则故事中不难看出，同样是一件事，不同的人由于其自身的阅历、水平、悟性不同，处理的方式和方法也不一样，其所产生的结果和效应也不一样。不论是银行的领导者还是普通员工，都不要满足于按部就班地完成自己分内的工作，要知道，只要肯思考、肯动脑，类似这样的绝佳创意也可能在你的脑海中产生，也会给你自身价值的实现和整个银行的发展带来意想不到的效果。

9. 海尔的独创

烈日炎炎的夏季，是人们洗衣最勤的季节，却又是洗衣机很少被利用的季节。年年如此，为什么？国内很多洗衣机厂家很少去寻根究底。可是，“海尔”人却瞄上了这个“冷”点。原来，并非人们夏天不用洗衣机，而是常见的洗衣机都不适合夏天使用：每次就洗那么几件衬衣、短裤、袜子之类的东西，用深桶大肚的洗衣机，费水又费电。

针对这种情况，海尔集团开发出一种专供夏天使用的1.5公斤容量的特小型洗衣机，还设有三个水位，最低水位的一档，洗两双袜子都行。新产品面世后，很快变成了以往销售淡季中的一个闪亮卖点，并在缺水国家的市场上倍受青睐。

心得感悟： 如果没有创新精神，不去探索更新的道路，只是跟着别人的脚印走路，始终会落后别人一步，占领不了行业的制高点；要想超越对手，非要具有独创精神不可。其实，创新并不神秘，不断探求怎样更好地为顾客服务、探求自己的产品怎样更具有竞争力就是创新永远的推动力。

10. 只需要一张小卡片

日本的蛋糕市场越来越饱和，明治糖果公司虽采用登报、上电视、印制推销单等手段进行广告宣传，却收效甚微。直到圣诞节来临之际，公司蛋糕滞销的僵局还是未能打破，老板心里十分焦急。这时，有一位员工提出了一个建议：在公司每天清晨配送的鲜牛奶瓶上挂上一张精美的小卡片，卡片上面印着公司圣诞节蛋糕的广告，后面则是蛋糕的订货单。凡需要者，只需在订货单上签名，第二天，公司回收空奶瓶时，顺便将它带回。

老板高兴地采纳了他的建议，很快推出了这种别致的广告卡片。

果然，这种广告立竿见影，公司在短时间内便轻松地获得600多盒蛋糕的订货单。老板重奖了那位提出此项建议的员工。

心得感悟： 只需要一张小卡片，就达到了媒体宣传没有达到的效果，有时候事情就是这么简单。的确，在营销的过程中，一个出色的创意就会给我们带来意想不到的效果，但这种看似简单的创意却并非是完全偶然的灵光一闪就能获得的，它需要员工不断地提升学习力和创造力，在学习中去发现，去创新。

Chapter 6

经营管理

1. 鲇鱼效应

很久以前，挪威人从深海捕捞的沙丁鱼，还没有等到被运上岸，大多数就死了。渔民曾经想过无数办法让沙丁鱼活着上岸，但是都失败了。但是，有一条渔船却总是能满载鲜活的沙丁鱼上岸，卖出比死鱼高出几倍的好价钱。后来，人们逐渐发现了这条船的奥秘。原来，他们捕到沙丁鱼后，总是在沙丁鱼舱里放上儿条鲇鱼。鲇鱼是沙丁鱼的天敌，当鲇鱼看到沙丁鱼时，会出于天性攻击沙丁鱼。在鲇鱼的不断攻击下，沙丁鱼拼命游动，从而保留了生命活力，并最终活了下来。

心得感悟：由于历史原因，在部分银行内部存在很大一部分“关系”员工，他们往往因没有外界的竞争压力而人浮于事、不思进取，直接影响了银行的可持续发展。在当今市场经济的大环境下，银行要想更好地求生存谋发展，就必须要从外部引进一些“鲇鱼”，打破这种“一潭死水”的局面，从而促进银行内部的良性竞争活力，改善那些员工不思进取的惰性，促使其以更加积极主动的姿态投入到工作当中去。

你的感悟

快跑!

2. 制度的力量

18世纪末，英国人把罪犯统统发配到澳洲这块殖民地上。起初，政府按上船时的人数给船主支付运输费用。船主拿到钱后，就对犯人能否活着到达澳洲漠不关心了。3年间，从英国运到澳洲的犯人，死亡率最高时竟达37%。

为了降低罪犯在运输途中的死亡率，政府在每艘船上分别加派了一名监督官员和一名负责治疗的医生。但不幸的是，这一措施不仅没有把犯人的死亡率降下来，反而白白搭上了一些政府官员和医生的命。原来一些船主为了贪利而行贿官员，如果不能得逞，就干脆残忍地把官员连同医生扔到海里喂鱼。

政府为此一筹莫展、大伤脑筋，这时，一位议员建议：我们何不以到澳洲上岸后活着的人数来支付船主运费呢?

问题随之迎刃而解。因为在船上死掉一个人就意味着减少一份收入，所以船主都主动请医生跟船，在船上准备药品，改善犯人的生活，尽可能让每个人都能健康抵达澳洲。有些运载几百人的大船，历经几个月的航行竟然没有一人死亡。

心得感悟：当我们不断地报怨自己的员工不听话，缺乏执行力时；当我们和员工之间的关系越来越紧张时……我们是不是还囿于固定的思维模式，把局面弄得更加不堪收拾？我们想没想过可能还有使两方“互利双赢”的解决问题的途径？这则故事可以让我们明白充分运用制度的力量。人与事都没有改变，改变的只是制度，结果却天壤之别。对制度的重新设计和优化，有时可以达到事半功倍的效果。

你的感悟

3. 一招鲜与万金油

李明从小聪明机灵，张强则木讷笨拙。于是有人断言，李明将成就大业，张强必潦倒一生。长大成人后，二人同学管理。李明仗着自己聪明，总想集文公武略于一身，于是广泛涉猎有关管理的各个领域，可谓见多识广、博闻强记，可惜却没能在任何一个领域有独特而专深的研究探索，所以形不成特色优势，空有满腔抱负，却一直极不情愿地经营着一家小餐厅；而张强清楚地知道自己的劣势所在，于是一心一意执着于餐厅管理这一领域的钻研和学习，加上自己的勤奋和坚韧，终于把企业做成了中国餐饮业的龙头老大。

心得感悟：随着金融市场间的竞争越来越激烈，各银行间为吸引更多的客户竞相展开了各种形式的明争暗斗，如何提高自身的竞争优势，从而在全球化的市场经济局势下能占有一席之地，成了每一家银行优先考虑的课题。在这一问题上，我们可以从李明和张强的故事中吸取经验，那就是：不要贪大求全、面面俱到，关键是能突出自身的优势和特色。

4. 纲举目张

一个富翁病入膏肓，但他惟一的儿子却远在天涯，身边只有一个对他的财产虎视眈眈的仆人。为了得到仆人的照顾，富翁告诉他，只要他尽心照顾，自己就会立如下遗嘱："我的儿子只能挑选一件财产，其他财产留给我的仆人。"仆人大喜，悉心伺候富翁至死。然后，仆人就高高兴兴地拿着遗嘱找到了富翁的儿子，希望分得应得的财产。但是富翁的儿子看过遗嘱后，却让仆人留下伺候他。仆人感到很不公平，富翁的儿子却笑着说："我选择的财产就是你呀!"结果，仆人只好乖乖地留了下来，替新的主人继续打理各种事务。

心得感悟：找到了拴粽子的绳头，就会提起一串串粽子，这就是"纲举目张"的道理。世界上的事情千头万绪，错综复杂，但总有一个主要矛盾是起决定作用的。作为一名工作人员，每天要处理很多繁杂事务，因此只有把诸多事务排出个轻重缓急，"抓事先抓人，擒贼先擒王"，才能做到让"小事服从于大事，缓事让位于急事"。否则，眉毛胡子一把抓，分不清主次、轻重，很可能会付出很多却收效甚微。

5. 我的眼里只有狼

一次，一位父亲带着两个孩子，到森林里去猎杀狼。很快，他们就到达了目的地。

父亲问老大："你看到了什么？"

老大回答："我看到了猎枪、狼，还有一望无际的森林。"

父亲摇摇头，没有说什么。

父亲以同样的问题问弟弟。

弟弟回答："我的眼里只有狼。"

父亲笑了笑，赞许地点点头。

心得感悟：当我们去完成一项任务时，必须要有一个明确的目标。进一步说，目标要具体化、量化，更要有完成目标的保障措施（激励、制度等如同打猎的枪一样是完成目标的保障措施）。在工作中，我们每一个时期的任务与目标是不同的，所以要在每一个时期都必须有一个明确而具体的目标。只有这样，才能让全体员工明确下一步努力的方向，才能对全体员工产生巨大的激励作用。有了明确、具体的目标，不管具体工作进行到哪一个阶段，也不管在实现目标的进程中遇到了什么意外的情况或问题，都要坚持下去，都要始终朝着既定的目标前进。

你的感悟

6. 眼界决定你的心胸

有一只青蛙一直生活在井里，它对自己的生活很满意，每天都在欢快地歌唱。有一天，一只鸟儿飞到这里，停下来在井边歇息。青蛙主动打招呼说："你好，你从哪里来啊？"

鸟儿回答说："我从很远很远的地方来，而且还要到很远很远的地方去，所以感觉很劳累。"

青蛙很吃惊地问："天空不就是那么大一点吗？你怎么说是很遥远呢？"

鸟儿说："你一生都在井里，看到的只是井口大的一片天空，怎么能够知道外面的世界呢？"

青蛙听完这番话后，惊讶地看着鸟儿飞走，一脸茫然。

心得感悟： 这是我们在童年便已熟知的故事，并且能深刻理解其中的寓意。但是遗憾的是，即便在今天，在许多银行里仍可以见到许许多多的"井底之蛙"，他们陶醉在自我的狭小空间里自以为是，不知道自己在信息化的时代已经落伍。作为一名管理者，更要时时警惕，切莫也变成"井底之蛙"，而是要积极地提升自己的能力，开阔自己的视野，以适应这个飞速发展的时代。管理者应当牢记一句话——眼界决定你的心胸，看得有多远，你的舞台就有多大。

7. 猴子捡豆

在大山的脚下，住着一群快乐的猴子。每天，都会有一只小猴子去摘地里的豆子。

有一天，它两手抓满了豆子，高高兴兴地送回家去。半路上，猴子不小心把一颗豆子掉在了地上，便赶忙伸手去捡，没想到手一张开，手里的豆子全掉下去了。这下猴子更急了，张开另一只手去捡豆子，结果另一只手里的豆子也全掉了下去。猴子又气又急，又叫又跳，伤心地空着手回家了。

心得感悟：这个故事告诉我们不要因小失大，不要为了一颗小小的豆子，而失去所有的豆子；不要因为一点点不如意，而失去更多原本属于我们的东西。在人生的旅途中，每一个人都难免会有一些不如意、小挫折，生气跺脚于事无补，不如冷静下来，思考如何避免因小失大，如何创造更多新的收获。

你的感悟

8. 贪婪的非洲狮子

在非洲茫茫的大草原上，生活着一大群威猛的狮子。一天，一只狮子单独去捕食，它小心翼翼地来到一个野兔窝前，看见一只野兔正在窝里熟睡。恰在这时，一只梅花鹿从不远处跑过，狮子便放下野兔急忙去追梅花鹿。谁知梅花鹿跑得太快，狮子怎么也追不上，心想还是回去捕食那只野兔吧。但等它再回到野兔窝边时，那只野兔已经被惊醒逃走了，它自怨道："你真笨，为了贪得一点，反而将嘴边的全都失去了。"

心得感悟： 故事发人深省，正如古希腊的《伊索寓言》里告诉我们的那样——"贪婪往往是祸患的根源"，"那些因贪图大的利益而把手中的东西丢弃的人，是愚蠢的。"追求更大的利益，是人的天性，但切莫忘了"贪多必失"的古训。现实生活中，我们往往为了追求那些很难把握的利益，而对一些很容易获得的小成功视而不见，到头来却是大的没追到，小的也错过了。在工作中，各家银行管理者都要吸取这个教训，不要好高骛远，而要扎扎实实地把自己能做到的做好，积少成多，方能成就大事业。

你的感悟

9. 割草的男孩

一个替人割草的男孩打电话给马太太，问道："你需不需要割草？"

马太太回答："不需要了，我已请了割草工。"

男孩又说："我会帮你拔掉花丛中的杂草。"

马太太回答说："我的割草工也做了。"

男孩又说："我会帮你把草与走道的四周割齐。"

马太太说："我请的那人也做了，谢谢你，我不需要新的割草工人。"

男孩便挂了电话。这时与男孩共租一室的打工仔问他说："你不就是在马太太那儿割草打工吗？为什么还要打这电话？"

男孩说："我只是想知道我做得有多好！"

心得感悟： 这个故事让我们明白了三个道理：第一，这个男孩绝对是一个聪明的人，他通过了解别人的意见来正确地评价自己的工作成绩。每个人都觉得自己的工作做得已经很不错了，可是别人还是不满意，为什么呢？因为你没有真正问过对方需要什么，只是做了你认为他需要的事情。第二，工作中要勤于沟通，沟通是大事，特别管理者而言，任何沟通不到位的事情，都可能造成巨大的损失。第三，在市场营销及柜台服务中，我们要以顾客为关注焦点，不断地探询顾客的评价，只有如此才有可能知道自己的长处与不足，然后才能改进工作质量。

你的感悟

10. 没有忘记美

第二次世界大战结束后，德国到处一片废墟。

美国社会学家波普诺带着几名随从人员到德国进行实地考察。归途中，波普诺问随从人员："你们看，像这样的民族还能够重新振兴吗？"

"难说。"一名随从人员随口答道。

"他们肯定能！"波普诺非常坚定地给予了纠正。

"为什么呢？"随从人员不解地问道。

波普诺说："你们发现了吗，几乎每一家的桌子上都放了一瓶鲜花。任何一个民族，处在这样困苦的境地还没有忘记对美的追求，那就一定能在废墟上重建家园！"

心得感悟：波普诺教授是对的，一个遭受了如此灾难和重创的民族，还能够以发自内心的平静心态去追求美，这充分显示了这个民族不怕失败、永不沉沦的可贵精神，假以时日，这个民族定会在废墟中重新崛起——而历史也终于证明了这一点。这对银行如何营造一种优秀的文化也很有启发，我们要从细部做起，将每位员工塑造成具有高雅情调和品味的人，以此在银行内部营造温馨、和谐、良好、优雅的氛围，激发员工热爱事业、献身事业的工作热情。

11. 理想

一个小学三年级的学生在一篇题为《我的理想》作文中写道：“我的理想是长大后成为一个小丑。”老师对他的评语是：“胸无大志，孺子不可教也。”

有趣的是，在美国也有一个小学三年级的学生，在一篇名为《我的理想》作文中同样写道：“我的理想是将来当一名小丑。”美国老师的评语却是：“有爱心，愿你把欢笑带给全世界。”

同样的学生，同样的理想，为什么中美两位老师的评价如此不同？分别在哪里呢？

心得感悟：不同的教育理念导致了不同的教育方式，从而导致了不同的教育效果。从这个故事中我们认识到，中国的文化传统是要求服从，守规矩，如稍有创新便会遭到无情扼杀。岂不知对待那些想法特异的孩子，要常常给予鼓励和肯定，才能激发出他们无穷的创造力，推动社会的革新、进步，这也是我们之所以与美国相比原创性如此不足的关键原因。对于银行的管理者来说，对待员工的奇思异想我们也不要一味扼杀，而是要给以鼓励和肯定，说不定他就能做出创造性的贡献。

12. 小和尚撞钟

有一个小和尚担任撞钟一职，半年下来，他觉得无聊之极，只是“做一天和尚撞一天钟”而已。有一天，主持宣布调他到后院劈柴挑水，原因是他不能胜任撞钟一职。小和尚很不服气地问：“我撞的钟难道不准时、不响亮?”老主持耐心地告诉他：“你撞的钟虽然很准时，也很响亮，但钟声空泛、疲软，没有感召力。钟声是要唤醒沉迷的众生，因此，撞出的钟声不仅要洪亮，而且要圆润、浑厚、深沉、悠远。”

心得感悟：故事中的主持犯了一个常识性管理错误，小和尚之所以“做一天和尚撞一天钟”，是由于主持没有提前公布工作标准造成的。如果小和尚进入寺院的当天就明白撞钟的标准，那他就不会因怠工而被撤职。工作标准是员工的行为指南和考核依据，银行考核部门在制定工作标准时应尽量做到数字化，并与考核联系起来，同时还要注意可操作性。

13. 分粥

有七个人住在一起，每天共喝一桶粥，显然粥每天都不够。一开始，他们抓阄决定谁来分粥，每天轮一个。于是乎每周下来，他们只有一天是饱的，就是自己分粥的那一天。后来他们开始推选出一个道德高尚的人出来分粥。强权就会产生腐败，大家开始挖空心思去讨好他，贿赂他，搞得整个小团体乌烟瘴气。然后大家开始组成三人的分粥委员会及四人的评选委员会，互相攻击扯皮下来，粥吃到嘴里全是凉的。最后，他们想出一个方法：轮流分粥，但分粥的人要等其他人都挑完后拿剩下的最后一碗。为了不让自己吃到最少的那碗粥，每人在分粥时都尽量分得平均，就算不平，也只能认了。大家快快乐乐，和和气气，日子越过越好。

心得感悟：管理的真谛在“理”不在“管”。管理者的主要职责就是建立一个像“轮流分粥，分者后取”那样合理的游戏规则，让每个员工按照游戏规则自我管理。游戏规则要确保能兼顾银行利益和员工个人利益，并且要让个人利益与银行整体利益统一起来。责任、权利和利益是管理平台的三根支柱，缺一不可。缺乏责任，银行就会成一盘散沙；缺乏权利，管理者的执行就会变成空话；缺乏利益，员工积极性就会下降，消极怠工。只有管理者把“责、权、利”的平台搭建好，员工才能“八仙过海，各显其能”。

你的感悟

14. 小象的锁链

一头小象出生在马戏团中，它的父母也都是马戏团中的老演员。

小象很淘气，总想到处跑动。工作人员在它的腿上拴上一条细铁链，另一头系在铁杆上。开始，小象对这根铁链很不习惯，它用力去挣，挣不脱，无奈的它只好在铁链范围内活动。

过了几天，小象又试着挣脱铁链，可是还是没有挣开，它只好闷闷不乐地老实下来。

一次又一次，小象总也挣不脱这根铁链。慢慢地，它不再去试了，它习惯了这根铁链。再看看父母也是一样，好像本来就应该是这个样子。

小象一天天长大了，以它此时的力气，挣断那根小铁链简直不费吹灰之力，可是它从来也想不到要这样做。小象认为那根铁链对自己来说，牢不可破，这个强烈的心理暗示早已深深地植入它的记忆中了。

心得感悟：在尝试一个新的市场机会的时候，可能会面临巨大的风险，也可能会遭遇惨痛的失败，在很多情况下，多次的失败会形成一种固有的思维模式：在这方面不行，最终使本已经唾手可得的机会白白地从手中溜走。战胜失败的最好方法就是要不断地去尝试，要牢记一个信念：时势是不断变化的，当初做不到的事如今不见得就做不好。无论如何，都不能心存一成不变的概念。

你的感悟

15. 石块和棍子

很久以前，一个乞丐在讨饭的时候遭到了一条狗的攻击，这令他惊惧不已。再次去讨饭的时候，他便捡了一个石块带在身上。

然而不幸的是，这次他遭到了两条狗的攻击，他虽然有一个石块护身，但还是被狗咬了。下次讨饭的时候，他便揣了两个石块放在身上，可是他却遭到了三条狗的攻击。再次讨饭的时候，他索性揣了四个石块在身上，而恰恰遭到了群狗的攻击，依然被狗咬了。最后，为了有效地对付狗的攻击，他不得不背着一篓子石块去讨饭。

后来，这个乞丐大着胆子放弃石块，拿起棍子还击，结果令他大吃一惊，三下两下他就能将狗打散了。

心得感悟：一根棍子胜过无数的石块，思维一变天地宽。沿着一条思维发展下去，不仅不能解脱，还可能会被束缚得更紧。当我们被传统的东西压得喘不过气来的时候，也许我们应该大着胆子去试一试——扔掉“石块”，拿起“棍子”。

你的感悟

16. 直视目标

一对父子走在雪地里，父亲看到远处有棵大树，就对儿子说："我们来比赛跑向那棵树，不光比谁先到，还要看谁在雪地里走出的线最直。"

儿子很小心地走着，不断注意自己的双脚，把一只脚慢慢放到另一只脚前面，好不容易走到大树旁，看见却父亲已经先到，他并不觉得意外，但父亲走出的路线比他要更直，却令他很惊讶。

原来父亲明白要走成一条直线，最有效的方法不是看脚下，而是把眼睛注视着前面的目标。只要眼睛始终不离开大树，就能不费力地走成一条直线。

心得感悟：这小小的故事何尝不是在提醒着我们的管理者，在制定工作决策的时候，要看得远才能行得正，并且会少走弯路；如果一味只顾及眼前，就很难把握前进的方向，从而也就很难做出合理的决策。

Chapter 7

风险管控

1. 防患于未然

魏文王问名医扁鹊："你们家兄弟三人都精于医术，到底哪一位最好呢？"扁鹊回答说："大哥最好，二哥次之，我最差。"文王再问："那为什么却是你最出名呢？"扁鹊回答说："我大哥是治病于病情发作之前，一般人不知道他能事先铲除病因，所以他的名气无法传出去。我二哥则是治病于病情初起之时，一般人以为他只能医治轻微的小病，所以他的名气也只及于本乡里。而我给病人治病，大都是他们病情危重之时，人们经常看到我在经脉上扎针放血做一些大手术，所以认为我的医术高明，名气因此响遍全国。"

心得感悟：这个故事给人很大的启发，我们借此可以联想到风险管理问题。众所周知，风险管理是银行管理的重中之重，但很多银行在风险管控上做得却是不尽人意。究其原因，则是因为许多银行应对风险时仅是被动地等待，出现问题了，才手忙脚乱地想办法去对付，且大多是"头痛医头，脚痛医脚"，不能领会"未雨绸缪"、"防患于未然"之真谛，往往等到错误的决策造成了重大的损失后才去寻求弥补，为时已晚。因此，事后控制不如事中控制，事中控制不如事前控制。尤其是在信贷管理方面，要通过事前控制发现并预警问题，制定出切实可行的补救方案，预防风险的发生，力争把风险降到最低。

2. 木桶定律

一只木桶盛水多少，并不取决于桶壁上最高的那块木板，而恰恰取决于桶壁上最短的那块木板。这是管理学上经典的"木桶定律"或"木桶理论"。

根据这一核心内容，"木桶定律"还有三个推论：

其一，只有当桶壁上的所有木板都足够高时，木桶才能盛满水，只要这个木桶桶壁上的板有一块不够高度，木桶里的水就不可能是满的；其二，比最低的那块木板高的所有木板，其高出的部分是没有意义的，高得越多，浪费就越多；其三，要想提高木桶的容量，就应该设法加高最低木板的高度，这是最有效也是惟一的途径。

与木桶定律相似的还有一个链条定律：一根链条最薄弱的环节和其他环节承受着相同的强度，那么链条越长，就越薄弱。

心得感悟："木桶理论"可以启发我们思考许多问题，比如企业团队精神建设的重要性。在一个团队里，决定这个团队战斗力强弱的不是那个能力最强、表现最好的人，而恰恰是那个能力最弱、表现最差的落后者。因为，最短的木板对最长的木板起着限制和制约作用，决定了这个团队的战斗力，影响了这个团队的综合实力。也就是说，要想方设法让短板子达到长板子的高度或者让所有的板子维持"足够高"的相等高度，才能完全发挥团队作用，充分体现团队精神。

3. 居安思危

美国康奈尔大学曾经做过一个实验：实验人员把一只青蛙放入水盆里。水盆很浅，水温适宜，青蛙感觉像是回到了水塘里，便忘了逃跑。但是，青蛙没有察觉到，实验人员已经开始慢慢地为水盆加温，水温在不知不觉地升高，而青蛙仍游得舒舒服服，并不知道危险在临近。

当青蛙感觉到不适，困难地睁开双眼，试图跳出开始发烫的水盆时，它的身体已经极度虚弱，竟然一动也不能动了，青蛙就这样被活活地煮熟了。

心得感悟：我国有一经典名句："千里之堤，溃于蚁穴。"是说那些大的灾难的发生往往是由于平时对一些日常细节的疏忽的导致的。的确，对于环境的剧变，每个人都能做出迅速、强烈的反应。但是，对于那些悄然发生的变化，人们却大多熟视无睹，漫不经心，仍旧我行我素，对风险的到来没有丝毫的准备；当风险真正来临的时候，再想补救就非常困难了。银行的经营管理有一半是在经营风险，与风险做斗争，每时每刻都要保持一定的忧患意识，居安思危，才能做到稳健经营、快速发展。

4. 小不为者无大为

某家银行招聘风险管理部经理，行长和人力资源部的考官们都聚精会神地观察着两位竞争者的表现：A 西装革履、踌躇满志地走进考场，看见门口倒着一个拖把，敏捷地跳了过去，端坐在椅子上，接受考官的提问。考官们只和他简单地交谈了几句，就把他请出了考场。B 衣着整洁、神情从容地来到了考场，看见门口外的地面上有一把大头针，很自然地弯腰把大头针一个个拣起，放在手里，然后才走到椅子前坐下。考官们同样是和 B 简单地交谈了几句，随后即宣布了聘用 B 的决定。

心得感悟：在业务能力上，A 可能和 B 一样优秀，但是在一个拖把面前，却暴露出了自身道德素养和风险识别能力的欠缺。古人云："勿以恶小而为之，勿以善小而不为。"作为一名风险管理部经理，更多的时候需要关注一些细节问题。细节虽小，却往往能反映一个人对风险的判断能力和对工作的责任心，而这也正是一名优秀的风险管理部经理应该具备的职业品质。

5. 老农与石头

有一位老农的农田中，多年以来都横亘着一块大石头。这块石头碰断了老农的好几把犁头，还弄坏了他的耕种机。老农对此无可奈何，巨石成了他种田时挥之不去的一块心病。

一天，在又一把犁头被打坏之后，想起巨石给他带来的无尽麻烦，老农终于下决心要了结这块巨石了。于是，他找来撬棍伸进巨石底下——他惊讶地发现，石头埋在地里并没有想象的那么深，那么厚，稍一使劲就可以把石头撬起来，再用大锤打碎，清出地里，根本就是一件很容易的事。老农脑海里闪过多年来被巨石困扰的情景，再想到可以更早些把这桩头疼事处理掉，禁不住一脸的苦笑。

心得感悟：从这则寓言故事中，我们会领悟出银行管理中的道理：遇到问题应立即弄清根源，有问题更需立即处理，绝不可拖延。银行管理活动中，往往会遇到反复出现的问题或不良现象，如若讳疾忌医或拖延了事，长久积压下来，必然会给企业造成困难，甚至使银行的经营活动无法正常进行，严重时还会给银行带来风险。所以，对管理中出现频率较多的问题，不应回避，而应抓住苗头，及时调查，追根溯源，找出解决问题的途径和办法。

你的感悟

6. 曲突徙薪

有位客人到某人家里做客，看见主人家的灶上烟囱是直的，旁边又有很多木材。

客人告诉主人说，烟囱要改曲，木材须移去，否则将来可能会有火灾，主人对此建议未予理睬。不久主人家里果然失火，四周的邻居赶紧跑来救火。火灭后，主人烹羊宰牛，宴请四邻，以示感谢，但并没有请当初建议他将木材移走，烟囱改曲的人。有人对主人说："如果当初听了那位先生的话，今天就不用准备筵席，而且也不会有火灾的损失，现在论功行赏，原先给你建议的人没有被感恩，而救火的人却是座上客，真是太奇怪了！"主人顿时省悟，赶紧去邀请当初给予建议的那个客人来喝酒。

心得感悟：一般人认为，足以摆平或解决银行经营过程中的各种棘手问题的人，就是优秀的管理者，其实这是有待商榷的，俗话说："预防重于治疗"，能防患于未然之前，更胜于治乱于已成之后。由此观之，问题的预防者，其实优于问题的解决者。对于视风险管控为核心内容的银行，各项经营都面临信用、操作、市场、法律、声誉等众多风险，一个优秀的管理者要时刻具有风险意识，并能在事前做好充分的准备，以规避可能的风险。而只有具备了防范和掌控风险的能力，才能切实提高银行的竞争力。

你的感悟

7. 断足救命

山间小路上，老虎不小心一脚踏进猎人设置的索套之中。它挣扎了很长时间，都没能使自己的脚从索套中解脱出来。

眼见猎人一步步逼近，老虎毅然做出决定，奋力挣断了那只被套住的脚掌，忍痛逃离了这危机四伏的地带。

心得感悟：老虎断了一只脚自然是很痛苦的，但是如果因此而保全了性命，则是一个聪明的选择，这也是中国象棋中所谓“舍车保帅”。对银行来说，把数百亿元的不良资产出售给资产管理公司，这当然是很痛苦的决定，但是为了整体的利益，经营者必须当机立断，拿出勇气和魄力做出决定。在经营各项业务时也是一样，明知放弃某些利益很难，但为了整体的利益，必须要有魄力做出决断。

8. 共享美味

一群老鼠爬上桌子准备偷肉吃，却惊醒了睡在桌边的狗。老鼠们同狗商量，说："你要是不声张，我们可以弄几块肉给你，咱们共享美味。"

狗严词拒绝了老鼠们的建议："你们都给我滚，要是主人发现肉少了，一定会怀疑是我偷吃的，到那时我就会成为案板上的肉了。"

心得感悟： 很多监守自盗的人还不及这只狗聪明。在某些银行内部，每个人都知道造成风险之后的后果，但许多人就是贪图眼前的两块肉，而最终不仅使资金损失，也使自己受到应有的惩罚。因此，银行的每一位员工都应多一点觉悟、多一份责任。

你的感悟

9. 选司机

某大公司准备以高薪雇用一名小车司机，经过层层筛选和考试之后，只剩下三名技术最优良的竞争者。主考者问他们："悬崖边有块金子，你们开着车去拿，觉得能距离悬崖多近而又不至于掉下去呢?""两米左右。"第一位说。"半米吧。"第二位更加有把握地说。"我会尽量远离悬崖，越远越好。"第三位说。结果这家公司录取了第三位。

心得感悟：短小的故事，蕴涵伟大的哲理——远离诱惑就远离了死亡或是失败。不要和诱惑较劲，而应离得越远越好。特别是在营销贷款工作中，客户经理、主管责任人，都不应被贷户的利益所诱惑，应远离那些诱惑你的人，因为他可能会诱使你掉下悬崖。

你的感悟

10. 可以和家人一块玩牌的时间

香港一位银行职员说，他一年中只有四天时间可以和家人一块儿玩牌，那就是春节的长假，因为这是规定，他必须遵守，否则，他就会离开银行。银行人员不允许参与赌博，这也是职业规定，如果一旦被发现，他就将丢掉工作。香港的一位银行总经理所在的银行与世界著名的赌场对门，他说，15年来，尽管别人可以出入赌场，进行参观或游玩。他从来没有进去，因为他是银行的总经理，这是他的使命所系，责任使然。

心得感悟：一家银行良好的口碑，首先来自于它的员工。由于高管人员的不端行为给银行带来的损害，让业内人士刻骨铭心。金融系统最大的风险莫过于"人"。因此，我们应当学习香港银行的做法，加大对员工操守的培训和引导，让每一位员工都能遵守良好的行为准则。

你的感悟

11. 毒丸战略

东亚银行是亚洲著名的银行，多年来一直在努力将风险和效益结合起来。东亚银行将质量视为管理的第一要务，他们实行了“毒丸战略”，就是将那些高风险、低收益的客户视作毒丸，淘汰出局，而不会顾及眼前的损。他们将主要精力放在优质客户上，并甩掉那些风险“包袱”，从而为银行资金的安全负责。

实行了“毒丸战略”之后，东亚银行的业绩不仅没有被甩掉的客户所拖累，而且凭借20%的优质客户，赢得了过去整体业绩的80%，受到了国际各大银行的称赞。

心得感悟：东亚银行这样做，看似失去了一些市场份额，但从质量上他们却占了上风。通过这种“毒丸战略”的运用，他们主动地选择客户，特别是选择那些占20%的优质客户，赢得了80%的利润，多年来被同业津津乐道。这种战略的成功不仅仅是一次具体运作的成功，而是一种理念的升华。

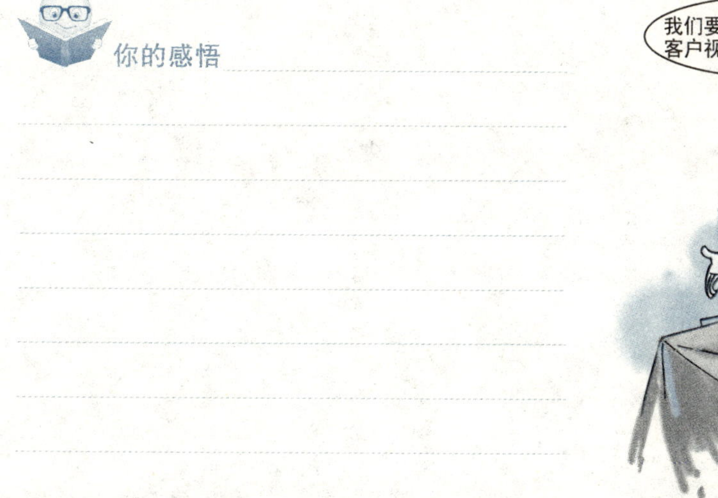

Chapter 8

团队管理

1. 买菜的哲学

李老板近期时常为员工的工作效率低、质量差而犯愁，于是他找了一家咨询公司请教。咨询人员问李老板："你到菜市场去买过菜吗?"

李老板愣了一下，答道："是的。"

咨询人员继续问："你是否注意到，卖菜人总是习惯于缺斤少两呢?"

李老板回答："是的，是这样。""那么，买菜人是否也习惯于讨价还价呢?"

"是的。"李老板回答。

"你是否也习惯于用买菜的方式来购买员工的生产力呢?"咨询人员反问到。

在经过调查之后，咨询人员总结说："一方面，李老板在工资单上跟员工动脑筋；另一方面，员工在工作效率或工作质量上跟老李缺斤少两。这就是公司管理不善的问题所在。"

心得感悟： 领导和员工间的关系，就如菜市场上的买卖双方，只有双方都力争做到公平无欺，才能取得双赢的局面。否则，领导要是光为自己的利益考虑而苛刻地对待自己的员工，甚至用欺骗的手段克扣应发给员工的工资，则结果必然是员工也想着法子消极怠工，最终受到损害的还是银行本身。

管理层须牢记一句话：员工是你最大的财富和资产，不要忘记了你的员工是在为你而工作。

你买过菜吗?

是的。

咨询处

你的感悟

2. "一日厂长"

韩国精密机械株式会社实行了一项独特的管理制度，即让员工轮流当厂长管理厂务。"一日厂长"和真正的厂长一样，拥有处理公务的权力。当"一日厂长"对工人有批评意见时，要详细记录在工作日记上，并让各部门的员工收阅，而各部门、各车间的主管，要依据批评意见随时核正自己的工作。大部分干过"一日厂长"的员工都会自觉地严格要求自己为工厂的发展尽心尽力。实行"一日厂长"制后，该厂的向心力增强了，管理成效显著提高，开展的第一年就节约生产成本300多万美元。

心得感悟： 让银行每一个成员都能更深刻地体会到自己也是这个大家庭中的一员，并身体力行地做一回管理者，不仅可以充分调动他们的积极性，也可以从多方面看到管理上的不足，从而集思广益，把银行管理得更加井井有条。现代银行管理的重大责任，就在于谋求银行目标与个人目标的一致，两者越一致管理效果就越好。

3. 排队飞行的麻雀

一群麻雀站在枝头上，看见天空飞过的大雁排成整整齐齐的长队，羡慕极了。一只麻雀提议："我们也排队飞行好吗？""好！好！"大家一致同意。可是，它们有的飞得高，有的飞得低，有的飞得快，有的飞得慢，排来排去，总排不成队。乱了一阵以后，麻雀们又叽叽喳喳地讨论起来："我们为什么排不好队？"一只麻雀说："排队得有一个队长来指挥才行。"于是大家商定，由一只年纪最大的麻雀来做队长。队长发令了："一二三，起飞！"大家都争先恐后地飞向天空，仍旧乱糟糟的。不多久，有的麻雀嚷太吃力，有的麻雀嚷肚子饿了……结果一哄而散，麻雀们都各自飞走了，只剩下那只当队长的麻雀，愣头愣脑地在想："为什么麻雀排不好队？"

心得感悟：在银行内部怎样建立一支行为有序、工作规范的员工队伍，与如何让个性化、创新性强的员工发挥个人潜力，都是管理者需要思考的重要问题。早在两千年前，伟大的教育家孔子就提出了"因材施教"的教育原则，而这一教育原则到现在也很有现实意义。大部分银行为急于提升员工的业务素质，费尽心力地对员工进行各种培训。这种培训固然是必要的，但是管理者们却恰恰忘记了先哲的教诲，把培训当成了装满窍门和秘诀的锦囊，用千篇一律的要求来人为地"提高"员工素质，其实却堵死了他们向不同方面发展的路。大雁的队伍很有专业水准，是大雁们服从指挥，通力合作的结果。要想建立一支有序规范的员工队伍，就需要管理者去挑选"大雁"，而对于麻雀来说，在不干涉大雁团队的情况下让他们自由飞翔，可能是领导最好的选择。

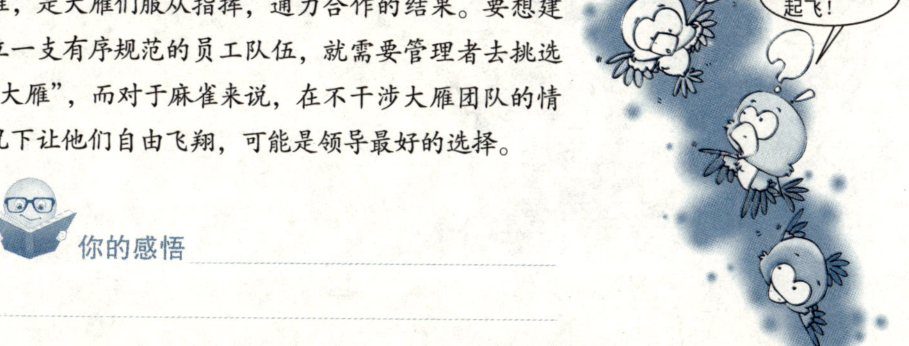

4. 不拉马的士兵

一位年轻的炮兵军官上任后，到下属部队视察操练情况，却发现一个共同的情况：在操练中，总有一个士兵自始至终站在大炮的炮筒下，纹丝不动。经过询问，得到的答案是：操练条例就是这样规定的。原来，条例因循的是马拉大炮时代的规则，当时站在炮筒下的士兵的任务是拉住马的缰绳，防止大炮发射后因后座力产生的距离偏差，减少再次瞄准的时间。现在大炮已经不再需要这一角色了，但条例却没有及时做出调整，因此出现了不拉马的士兵这一滑稽现象。这位军官的发现使他受到了国防部的表彰。

心得感悟： 管理的首要工作就是科学分工。只有每个员工都明确自己的岗位职责，才不会产生推诿、扯皮等不良现象。如果银行是一架庞大的机器，那么每个员工都是这架机器的零件，只有他们爱岗敬业，银行这台大型机器才能得以良性运转。银行要发展，则管理者必须根据实际情况，对人员数量和分工及时做出相应调整，否则，队伍中就会出现“不拉马的士兵”。如果队伍中有人滥竽充数，给银行带来的不仅仅是利益的损失，而且会导致其他人员的心理不平衡，最终导致工作效率整体下降。

5. 狼与梅花鹿

国外一家森林公园曾养殖几百只梅花鹿。尽管环境幽静，水草丰美，又没有天敌，但几年以后，鹿群非但没有发展，反而病的病，死的死，竟然出现了负增长。后来，公园管理者听取了专家的建议，引入了几匹狼放在公园里，在狼的追赶捕食下，鹿群只得紧张地奔跑以逃命。这样一来，除了那些老弱病残者被狼捕食外，其他鹿的体质日益增强，数量也迅速增长起来。

心得感悟： 流水不腐，户枢不蠹。人和梅花鹿一样，都有种惰性，没有竞争就会故步自封，躺在功劳簿上睡大觉。而竞争对手就是追赶梅花鹿的狼，可以时刻让梅花鹿清楚狼的位置和同伴的位置。跑在前面的梅花鹿可以得到更好的食物，跑在最后的梅花鹿就成了狼的食物。银行的人力资源管理，也要有意识地采取这种“自然竞争的法则”，给予“头鹿”奖励，让“末鹿”淘汰。

你的感悟

6. 狮子和狐狸的合作

一只狮子和一只狐狸合作捕食：狐狸负责寻找猎物，狮子负责捕杀猎物，得到的食物共同分享，这样它们就都有食物吃了。

但过了不久，狐狸心里就不平衡起来："没有我去发现食物，我们怎么能得到食物呢？我功劳大，应该多分点，我不能再这样跟它合作下去了。"于是，它离开了狮子，自己去寻找食物，结果被狼给吃掉了。

心得感悟：狮子和狐狸的关系就是一种合作关系，而合作可以更容易获得成功，能使双方得到更多的好处。正是因为人无完人，每个人总有自己的优点和长处，也有自己的缺点和短处。一个人单独去处理事务可能应付不来，甚至导致失败，从狐狸后来的失败就可以看出这点。合作有利于取长补短，就好像狐狸擅长寻找猎物而狮子擅长捕杀猎物一样，合作使大家都受益。同样，银行内部的各项工作也是如此，只有学会合作，取长补短，才能取得共赢的理想结果。

7. “我是斯巴达克斯”

斯巴达克斯是个奴隶，因为不堪忍受奴隶主惨无人道的压迫，率领奴隶起义，得到成千上万奴隶的响应。后来，起义失败了，许多奴隶被俘虏。

以胜利者自居的将军指着背后的十字架，趾高气扬地说：“谁指认出斯巴达克斯，我就可以免除他一死。”

沉默了良久，一位奴隶站了出来，说：“我就是斯巴达克斯！”

在这位将军还没有反应过来的时候，又有一个奴隶站了出来说：“我是斯巴达克斯！”

……

紧接着，一大片奴隶都站了出来，大声说道：“我就是斯巴达克斯！”

洪亮的声音回响在大地和云霄之间。

心得感悟：是什么力量让奴隶们宁肯去死，也不愿意说出真正的斯巴达克斯？因为他们有一个强烈的共同愿望，那就是没有自由，毋宁死！自由在他们心中已经成为一个伟大的愿景，他们愿意为了这个愿景付出自己的生命。同样，在银行内部，我们必须着力于在内部营造一种文化，建立起一个大家共同认可的愿景，而这些都是基于团队的管理。若一个组织缺乏催人奋进的崇高愿景和和谐的团队，就不会产生真正的凝聚力和团队精神，也就不会取得辉煌的成功。

你的感悟

8. 天堂与地狱的区别

有一个人想知道天堂和地狱究竟有什么区别，于是他找到了上帝，请求上帝带自己去看看。上帝欣然答应了。他们首先来到了地狱，看到的是这样一副景象：一群饥饿不堪的人正拿着一根长勺拼命往自己嘴巴里送东西，但是那根长勺实在太长了，比他们自己的手臂还要长，所以他们无法弯曲自己的手臂把食物送进自己的嘴巴里去，有的人手臂甚至弯曲得都变形了，但是还是没有吃到任何食物。“地狱果然是一副活生生的惨象啊。”这个人想。随后他们又来到了天堂，那个人被自己眼前所看到的惊呆了——天堂里的人们也是拿着一根同样长的长勺，但是他们每个人都吃到了食物，这是为什么呢？因为他们每个人把获取的食物都舀给了坐在他对面的那个人吃，每个人都这样做，所以每个人也都吃到了食物。

心得感悟：这个故事无论对团队还是员工个人，都具有启示意义：一是大公无私、充满善意的团队合作精神会给我们带来很多更加美好的事物。就像爱和友情一样，合作也是一种必须付出之后才能够得到的东西。在银行这个大家庭里，我们每个人都需要与他人合作才能成功，不论是领导还是员工，大家相互真诚帮助，才能使银行的明天更美好。二是方法决定方向，思路决定出路。只有善于运用客观条件的人才能成功，组织亦然。

你的感悟

9. 瞎子与瘸子

一个瞎子迷失在森林里，突然被绊倒在地。瞎子在地上摸索，发现自己原来跌倒在一个瘸子的身上。他们开始交谈，不约而同地悲叹起自己的命运来。

瞎子说：“我已经在这里徘徊了好久了，因为我看不见，所以找不到出去的路。”

瘸子说：“我也躺在这里好久了，因为站不起来，无法走出去。”

突然瘸子大叫到：“我想到了，你把我背在肩上，我告诉你往哪里走，我们联合起来就能够走出森林了。”

心得感悟：在这个故事中，瞎子象征着能力，瘸子象征着方向，我们必须学会整合二者，才能够找到方法；在竞争日益激烈的今天，团队合作精神是决定银行在与同业竞争时能否体现出自己优势的重要因素，只有全体员工通力合作，才会最终取得成功。

你的感悟

10. 甘当配角

第一次登上月球的宇航员，其实共有两位，除了大家所熟悉的阿姆斯特朗外，还有一位是奥德伦。当时，阿姆斯特朗所说的一句话：“我个人的一小步，是全人类的一大步。”早已成为全世界家喻户晓的名言。

在庆祝登月成功的记者招待会上，有个记者突然向奥德伦提出一个很特别的问题：“阿姆斯特朗先下飞船，成为登陆月球的第一人，你会不会觉得有点遗憾?”

在全场所有人目光的注视下，奥德伦很有风度地说：“各位，千万别忘了，回到地球时，我可是最先走出太空舱的。”他环顾四周笑着说，“所以，我是由别的星球来到地球的第一个人。”

全场给予了他最热烈的掌声。

心得感悟：每一个人都有成为主角的愿望，但在一个成功的团队中，主角固然重要，配角也是相当重要的。因此，摆正自己的心态，认识到自己的价值是相当重要的，不去争抢荣誉的光环，是一个人最可贵的品质，更是一个团队提高核心竞争力的必需要素。

11. 猴子与食物

一所大学做了这样一个实验：把六只猴子分别关在三间空房子里，每间两只，房子里分别放着一定数量的食物，但放的位置高度不一样。第一间房子的食物就放在地上，第二间房子的食物分别从易到难悬挂在不同高度的适当位置上，第三间房子的食物悬挂在房顶。数日后，他们发现第一间房子的猴子一死一伤，伤的缺了耳朵断了腿，奄奄一息；第三间房子的猴子则都死了；只有第二间房子的猴子活得好好的。究其原因，第一间房子的两只猴子看到了地上的食物，于是，为了食物而大动干戈，结果一死一伤；第三间房子的猴子虽做了努力，但因食物太高，难以够着，所以被饿死了；只有第二间房子的两只猴子先是各自凭着自己的本能蹦跳取食，后来，随着悬挂食物高度的增加，取食难度增大，两只猴子只有协作才能取得食物，于是，一只猴子托起另一只猴子跳起取食。这样，它们每天都能取到足够吃的食物，很好地活了下来。

心得感悟： 这所大学做的虽是猴子取食的实验，但在一定程度上也说明了人才与岗位的关系。岗位难度过低，人人能干，体现不出能力与水平，选拔不出人才，反倒成了内耗式的位子争斗，其结果无异于第一间房子里的两只猴子；岗位的难度太大，虽历经努力仍不能及，就会埋没、抹杀人才，有如第三间房子里的两只猴子的命运。因此，岗位的难度要适当，循序渐进，如同第二间房子的食物。这样，才能真正体现出能力与水平，发挥人的能动性和智慧。同时，相互间的依存关系也可以使人才间相互协作，共渡难关。

你的感悟

Chapter 9

市场营销

1. 神舟的成功

2002年，神舟电脑一跃进入家用台式机市场前五名，神舟电脑的营销成功，主要归功于其价格策略和渠道建设的胜人一筹。2002年，诞生才四个月的神舟电脑在中央电视台打出“四千八百八，奔四扛回家”的广告。通过整合母公司新天下集团的研发优势和总成本领先战略，神舟电脑定位“平民化市场”，凭借价格这个杠杆撬开了市场的大门。

在渠道上，神舟电脑首创IT业的麦当劳式销售模式：通过在各地设立特约加盟店，采取“特约加盟，连锁经营”的销售方式，使产品的价格反映出了合理的利润，为销售的成功做出了贡献。

心得感悟：神舟电脑的成功，再一次告诉我们，讲究策略、善于定位方可在激烈的市场竞争中脱颖而出。部分刚成立的农村合作银行、农村商业银行，在同大型商业银行进行竞争时往往缺乏信心，并以员工素质低、结算渠道不畅、经营业务单一等为借口而安于现状、自甘示弱，或者干脆带着怨恨的心态与大型商业银行进行不正当的竞争，这样不仅没有占领更为优质的客户群体，反而使自己的管理步入更危险的恶性循环。其实，只要这些小型银行能够讲究竞争时的策略，然后对自己做出很好的定位，并根据自己的实际情况不断创新，提升自己的竞争实力，在与大型商业银行竞争时就能够获得胜出的可能。

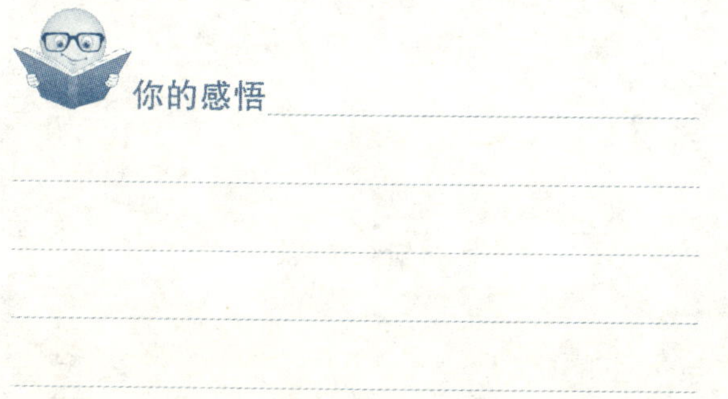

2. 高露洁的策略

美国高露洁牙膏在进入中国市场时，并没有采取全面出击的策略，而是先在香港开展了一系列的公关活动。

他们在香港免费赠送样品，使香港的大部分家庭都使用上了免费的牙膏。因为是免费赠送的，所以香港居民不论喜欢与否，每天总是使用高露洁牙膏刷牙。

这种免费赠送活动引起了当地报纸、电视的关注，纷纷作为新闻进行报道，甚至连大陆的报纸也加进了报道的行列。于是，高露洁公司在中国区域策略上就达到了这样的目的：以香港为桥头堡，使全中国的人都知道了高露洁这一品牌。

心得感悟：得体而到位的公关宣传和广告策划对一个企业的发展壮大起着十分重要的作用，而银行在这方面大部分都做得不够好，直接影响了银行的知名度和竞争力。一些小型银行，诸如刚成立的农村合作银行、农村商业银行等不是没有广告宣传，而是其广告宣传总让人感觉很"土"，与大型商业银行的广告宣传推广相比，不够精致和吸引人。优良的广告宣传是银行树立企业形象，展现自己"专业、品质、实力"的最主要渠道。因此小型银行在宣传时一方面要学习大型商业银行的成功经验，吸取他们的精华；另一方面要结合自身实际和定位，以广大人民群众喜闻乐见的方式把自己具有的独特优势巧妙地传达出来，从而增强自己的竞争实力。

你的感悟

3. 内部竞争

中国某家著名的洗衣机公司在几年前的降价风波之后，一直处于低迷状态。一天，该公司的总经理走进生产车间，问当天值班的工人组长：“请问，你们今天造了几部洗衣机？有没有质量问题？”“10 部，有一台没有通过质检。”工人组长答道。总经理没再说话，只是拿一支粉笔在地板上写下“生产 10 部，1 部次品”几个大大的字后，就离开了车间。第二天，接班的工人看到那个“生产 10 部，1 部次品”后，先是好奇，等弄清事情原委时，顿时明白了老总的用意，就把地板上的“10”字改成“11”字，把“1”改成了“0”。第三天，当班组长接班时看到了那个很大的“11”字和“0”字，更受鼓舞，发奋抓紧干活，下班时，又把地板上的“11”改成了“13”，并继续保持“0”。不久，该公司强势发展，重新占领了中国洗衣机市场。

心得感悟：上述这家洗衣机公司成功的奥秘就在于总经理善于调动工人的积极性和创造性，一句话就可以让他们主动工作、乐于竞争。其实，银行就是一个大家庭，在内部管理中也要学会去巧妙地激励和鼓舞员工的工作创造性和积极主动性。在一种人人争先、个个向前的和谐快乐的竞争氛围中，凝聚力会不断增强，银行的业绩也自然就会快速增长起来。

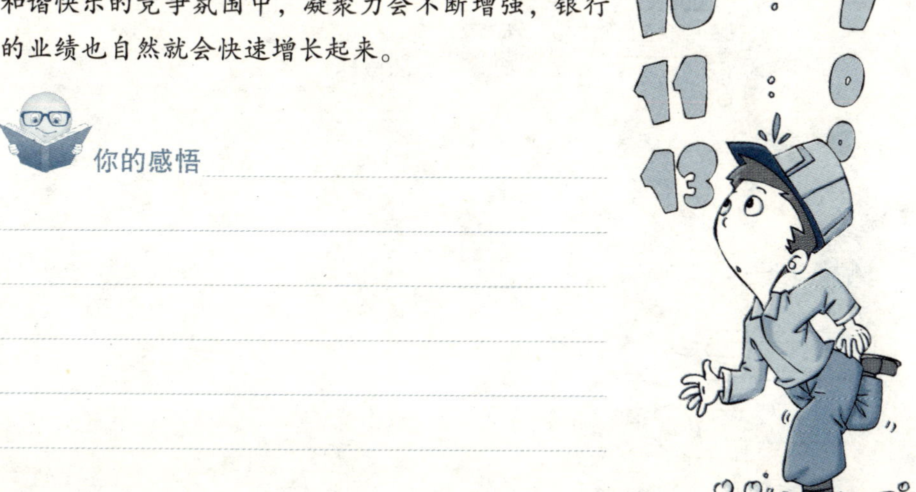

4. 巧妙的借势

在十多年前，许多人都想购买奔驰轿车，但同时大家也都认为它的价位太高，因此，他们希望能买到具有奔驰的质量，但价格更合理的小汽车。这就激发了丰田公司的构想：开发出与奔驰质量相匹的新型汽车，但具有更优越的性价比。

丰田公司的设计师和工程师在做了详细的市场调研后，便着手开发"凌志"汽车，并通过多种途径来推销它。"凌志"汽车的外形犹如雕塑艺术品，十分舒适完美，内部非常豪华。丰田公司在美国宣传"凌志"汽车时，将其图片和奔驰汽车的图片并列在一起，并加上大标题："用36 000美元就可以买到价值73 000美元的汽车，这在历史上还是第一次。"借此，"凌志"汽车赢得了很大的市场份额。

心得感悟：在广告宣传方面，丰田公司可称得上是行家，借奔驰的品牌与自己相比，不仅提升了自己的形象，也提高了自己的品味。这是借势的聪明做法，借助已有成熟产品的知名度，推出新产品，便会很容易获得市场的关注和青睐。

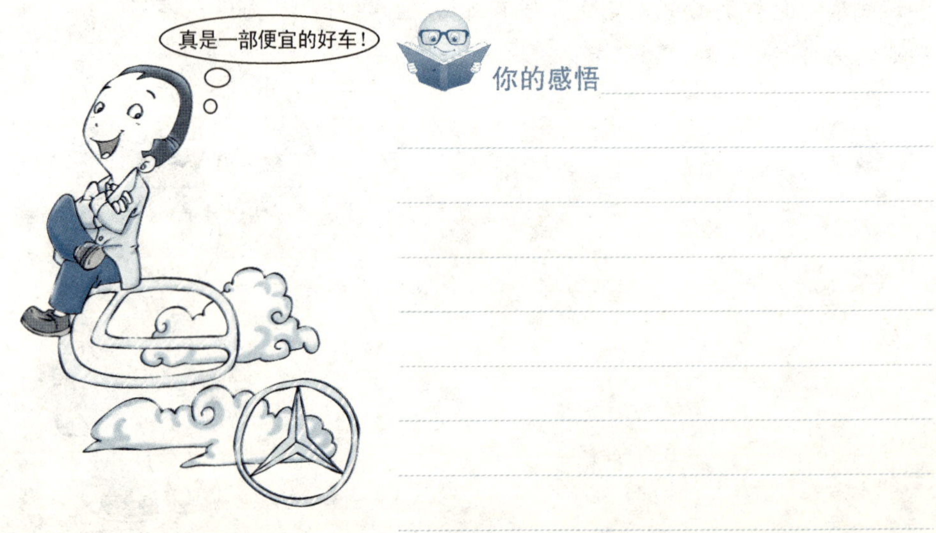

5. 消费从娃娃抓起

银幕上的米老鼠、唐老鸭、加菲猫和白雪公主等为数众多的卡通人物，都是迪士尼对全世界儿童的贡献。

1999年11月，在香港迪士尼乐园的推广活动中，青少年学生成为不可缺少的一环。香港迪士尼乐园与香港环境保护运动委员会及环境保护署联合发起了首次“迪士尼环保挑战”奖励计划，约有82家学校、超过4万名小学生参加了该活动。有人粗略统计，迪士尼乐园每吸引一名儿童，其背后就会多出两个消费者，再加上链式推广，初步推算一个儿童将带来大约5 ~9人的倍数消费。以此为突破口，截止2007年初，参加1999年奖励计划的儿童已有近三分之一成为了迪士尼乐园的忠实游客。

心得感悟：成功的企业告诉我们，做事情要抓关键，要找重点。迪士尼将文化传输给儿童，让他们从小就深受迪士尼的影响，这或许就是迪士尼儿童营销带给我们的启示。作为小型银行，与专业大银行最大的差距，一方面在于管理机制和专业人才；另一方面，则在于业务产品的开发和营销。迪士尼儿童营销法给了我们很大的启发，那就是银行要想获得快速高效的发展，必须开发更多能适合不同层次客户群体需要的产品，以此来提升银行的核心竞争力。在产品的定位上，更要有长远的战略目光，使设计的产品能吸引潜在的长期客户群体。

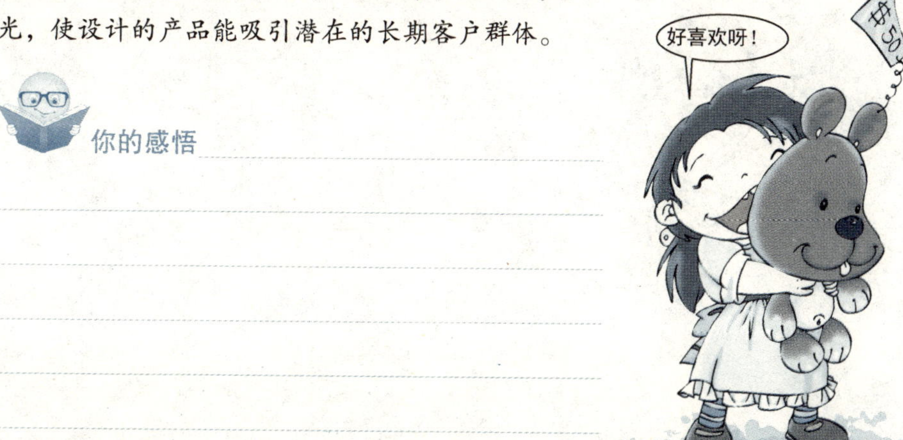

6. 十个硬币

有一个人，从事保险行业发迹，最终成为家财万贯的富翁。他的推销习惯是每天坚持拜访十个人，出门时，将十个硬币放在左边口袋，每拜访完一位客户，就将左边的硬币拿一个到右边口袋。如此每天从左十到右十，从不间断工作，终于创下了惊人的业绩与财富。当有人请他演讲，发表其成功的秘诀时，他毫不吝惜地将自己左十右十的工作习惯公诸于众。他的一个朋友认为他不该把这一秘诀告诉别人，因为一旦每个人都知道这个秘诀后，仿效其法，会与他抢业绩。这位富翁笑着说："良好的工作习惯是成功的基石，这个简单的道理人人都知道，但却是知易行难，关键是看有没有毅力坚持下去了。"

心得感悟：富豪保险推销左十右十的工作习惯，人人皆晓，但能贯彻执行的人，却是少之又少。正所谓知易行难，有些东西虽然简单，但坚持起来却很难。银行的营销工作看来是那样平凡、琐碎，但只要我们能坚持每天把硬币从一个口袋全部移到另一个口袋，也就会拥有属于自己的成功了。

7. 秀才找马

从前，有个秀才去京城应试。有一天，他在一家小店投宿，将马套在了店门口的木桩上。第二天天亮后，他准备上路时，却发现马不知去向了。于是，秀才开始四处找马。

他找了一整天，没见着马的踪影；第二天，他远远看见前面好像有一匹马，但走近一看，却是一头驴，他失望地摇了摇头，继续往前走。

第三天，他又见到前面有匹马，心中暗喜："这回该是我的那匹马了吧？"但走近一看，还是一头驴。他每天都能看到一头驴，但他一直没有理睬这头驴，只是在寻找自己的马。考试时间一天天迫近，而这位秀才也终因找马而耽误了考试。

心得感悟：寻找客户是每个营销者每天所做的首要工作。但是每天我们在做这项工作的时候，首先应思考一个问题：顾客可以为我们带来什么？我们需要的是什么顾客？怎么样找到我们的顾客？因循守旧、缺乏权变思维的营销者是不会找到自己的顾客的。

你的感悟

8. 蜜蜂和苍蝇的实验

生物学家维克博士做过一个实验：他将8只蜜蜂和8只苍蝇装进一个玻璃瓶中，然后将瓶底朝着明亮的窗户，瓶口则朝着黑暗的室内。他打开瓶口，于是出现了一个有趣的现象：蜜蜂争先恐后地撞向瓶底，一次又一次，全然不在乎每次碰壁；而苍蝇则乱成一团，四处乱飞，竟然都在三分钟以内找到了出口，从另一端的瓶口中逃逸出来。究其原因，则是蜜蜂以为出口必然在光明的地方，光明就代表着出路，这是它们的逻辑和经验，全然不顾一次次地碰壁；而苍蝇对光没那么敏感，每次碰壁后，它都会折回去向相反的方向飞，因此用不了几次就找到了瓶口。

心得感悟：这个实验说明，坚持不懈、试错、冒险、即兴发挥、迂回前进、混乱和随机应变，所有这些都有助于应付变化。银行生存的环境可能会突然从正常状态变得不可预期、不可想象、不可理解，银行的“蜜蜂”们随时会撞上无法理喻的“玻璃之墙”。领导者的工作就是赋予这种变化以合理性，并找出带领银行走出危机的办法。组织的本意是稳定自身的环境，从混乱中理出秩序；但在一个经常变化的世界里，混乱的行动比有序的停滞要好得多。

9. 出奇制胜的广告

美国纽约国际银行在刚开张时，为了迅速打开知名度，想出了一个出奇制胜的广告策略。

一天晚上，广播电台正在播放节目，突然间，全市所有广播都在同一时刻向听众播放一则通告：听众朋友，从现在开始播放的是由本市国际银行向您提供的沉默时间。紧接着，整个纽约市的电台同时中断了10秒钟，不播放任何节目。一时间，纽约市民对这个莫名其妙的10秒钟沉默时间议论纷纷，于是“沉默时间”成了全纽约市民茶余饭后最热门的话题，国际银行的知名度迅速提高，很快就变得家喻户晓了。

国际银行的广告策略巧妙之处就在于，它一反一般的广告手法，没有在广告中播放任何信息，而以整个纽约市电台在同一时刻的10秒钟“沉默”引起市民的好奇心理，从而不自觉地去探究根底，使国际银行的名字“不告而人人皆知”，达到了出奇制胜的效果。

心得感悟：中国有句古诗：“此时无声胜有声”，此广告之精髓正在于此，那就是出奇制胜、敢为天下先。同时，对营销来讲，最重要的是效应，至于这种效应是正效应还是负效应，则另当别论，关键是要吸引眼球。只有能够吸引到眼球，才有可能脱颖而出。

你的感悟

10. 堡垒从哪里攻破

在日本某市，五名中国留学生自筹资金开办了一家中国四川风味餐馆，又当老板又当侍应生，生意颇为红火。两名泰国学生见此分外眼红，便在街对面也开起一家川味餐馆，并买来中国菜谱依法调制烹炒，菜价却比中国学生的餐馆便宜一半，然而生意却很清淡。泰国学生将菜价一降再降，生意却丝毫未见起色。泰国学生想免费供餐一周，挤垮对手，遂请来日本谋士决断。谋士说：“不可。要提高菜价至中国学生餐馆的 2～3 倍，将顾客全部推向中国学生。”

不久，中国留学生生意火爆，然而口角、争斗渐起，继而几位合伙人又因分红问题大打出手，不久餐馆关闭。于是泰国学生挂起了“正宗川味”的招牌。

心得感悟：这是一个流行很广的故事，也是中日民族性格的鲜明对比。这则故事给人的感慨很多，缺乏合作精神是中国人致命的弱点之一，日本谋士正是看准了中国人的这一弱点而向泰国学生提供了强力的“杀伤武器”。类似的例子在我们身边不胜枚举。银行营销的市场化是不可逆转的潮流，“合作”才能“共赢”。

把菜价提高两倍……

我该怎么办？

你的感悟

11. 为胖女人着想的雪菲德

美国雪菲德裤袜公司根据市场调查的资料发现，有40%的美国妇女都因为太胖而有个“特大号”的臀部。更令雪菲德公司惊异的是，这40%的妇女都不穿裤袜，因为她们认为，裤袜对她们臃肿的身材并没有多少功效。

雪菲德公司经过长时间的研究论证，觉得放弃这40%的市场实在可惜，因此，就设计出一款名为“大妈妈”型的裤袜。推广“大妈妈”型裤袜的广告颇有创意，由三位胖墩墩的女孩穿上裤袜排成一线，标题是“大妈妈，你真漂亮。”这则广告上的三位胖女孩，脸上挂满笑容，昂首挺胸，从侧面看上去，不但没有肥胖的感觉，而且让人觉得她们很快乐，而且充满了信心。广告刊出后，该公司不但在一个月内收到7000封赞誉信，其销售量更是势如破竹，直线上升，从而奠定了该公司在裤袜市场的新地位。

心得感悟：市场竞争，要求我们的经营者必须勇于创新、勇于开拓，勇于走他人没有走或根本不敢走的新路。只有这样，才能达到他人达不到的目标，取得他人无法得到、也意想不到的巨大收获。当前，中国金融市场已逐步放开，中国银行与国外大型银行相比，有许多弱项，但是我们是否认真研究过，国外大型银行在市场营销中也有它自身的劣势？我们是否可以在他们不注意的业务领域大做文章？因循守旧只能让中国银行走向失败，而充分利用创造性思维，注意观察国外大型银行的营销弱项，中国的银行业就一定能在国际市场上占有一定的份额。

你的感悟

12. 爱默生与牛

有一次，美国大思想家爱默生与独生子欲将牛牵回牛棚，两人前拽后推，使尽了所有力气，牛仍然待在原地，动也不动。家中女佣见两个男人满头大汗，徒劳无功，于是便上前帮忙。她拿了一些青草，让牛悠闲地嚼食，并一路喂它，很顺利就将牛引进了牛棚，爱默生和儿子站在那里看得目瞪口呆。

心得感悟： 客户经理在向客户推销业务的时候，要对客户说他们想听的话，而不是自己想说的话。要知道客户所需要的是什么，然后针对其需要，说些他们想听的建议，而不应硬向客户推销自己想卖出去的产品。记住，钓鱼时用的鱼饵，不是钓鱼者所喜欢吃的东西，而是鱼最喜欢吃的食物。营销同样如此，与客户交谈沟通时，关键要"投其所好"。

Chapter 10

精致服务

1. 态度

一对老夫妇来到一家国际著名的酒店住宿，服务生甲查了一下电脑，发现房间都订完了，就对这对老夫妇说："对不起，没房间了。""能想想办法吗?"老夫妻问。"没有房间了，我能有什么办法呀?"服务生甲有些无奈地说。

这时，服务生乙走过来，礼貌地说："老人家，我们附近还有几家不错的酒店，要不要我帮你们试试看?"得到肯定的答复后，他把夫妇俩领到服务台安置好，便去联系房间。过了一会儿，服务生乙过来说："我们右侧的一家大酒店还有一个房间，你们看行吗?"老夫妇很高兴地说："谢谢！谢谢！"然后，服务生乙又把老夫妇送上车，目送他们离去。后来，这对老夫妇成了这家国际著名酒店的忠实客户。

心得感悟：在服务行业，服务态度的好坏对企业的生存发展干系重大。作为一名服务人员，甲的举动看来也中规中矩，本分守责，但他之所以不能像服务生乙那么优秀，就是他缺乏乙那种对自己职业的透彻理解和忠诚热爱。银行也一样，广大员工在为客户服务时，不能仅满足于完成自己的本分工作，而是要学会主动帮助客户解决问题，从而赢得客户的信任。

2. 喝马桶水的日本人

在企业管理界流传着这样一个感人故事：日本原邮电大臣野田圣子年轻的时候，家庭非常困难，为了生计她来到一家宾馆应征工作，最后她被分配到厕所，当一名卑微的厕所清洁工。在她上班的第一天，经理手把手教她如何清洁厕所马桶，在示范的过程中，经理告诉她，要把马桶洗得里面的水可以喝才行。说完这位经理在他洗过的马桶里舀了一杯水喝了下去。野田圣子很受触动，大彻大悟，天天把马桶刷得干干净净。她勤勤恳恳，多年如一日，并通过自己的努力，最终当上了日本的邮政大臣。

心得感悟：这个故事含有鼓励人勤奋执著，奋发向上的意义，野田圣子的工作态度值得每一位员工去学习。只有大家将这种精神成功地运用到银行的服务中，从细节入手，以精益求精的态度去对待每一位客户，集中所有的智慧和热诚，把工作做得尽善尽美，才能给自己带来高品质的人生。

3. 老人与哈佛大学

有一天，哈佛大学里来了一对衣着朴素的老夫妇，他们没有预约就直接去拜访了哈佛大学的校长。

老太太告诉校长："我们有一个儿子，曾经在哈佛读书，但是一场毫无意义的战争夺去了他的生命。我和我的丈夫想捐一些钱给哈佛，以纪念我们的儿子。"校长仔细地打量了他们一番，然后颇有些不屑地说："您知道，哈佛一般只接受数额很大的捐款，一般小额就不劳费心了。"

这对老夫妇相对一笑，老太太对老头说，看来我们找错地方了。老头对老妇人说，那我们就自己来干吧。就这样，夫妇俩离开了哈佛，建立了斯坦福大学。

心得感悟：作为服务性的金融机构，银行每天都要面对许许多多的客户，在服务时应对所有人做到一视同仁，切不可以貌取人。特别是一线临柜人员，更不能以自己的好恶而慢待那些自己想当然认为不太重要的客户，而是要真心面对每一位客户，尊重每一位客户，珍视对客户服务的每一次机会。要时刻牢记，任何一位客户都有可能成为重要的潜在客户。只有这样，才能在竞争中立于不败之地。

你的感悟

4. 谁最受欢迎

乌鸦和喜鹊在争论谁最受人欢迎，双方争执不下。这时，一群人正在盖房子，乌鸦提议说："那我们就比一比，谁受这群人的欢迎，谁就赢了。"

喜鹊欣然同意。乌鸦首先飞到一棵大树上，对着盖房子的人高声叫道："高楼大厦！高楼大厦！"盖房子人人看到乌鸦在枝头上叫，认为晦气，不禁大怒，捡起石头朝乌鸦砸去，乌鸦落荒而逃。

喜鹊说："看我的。"它飞到枝头，高声叫道："房要塌了！房要塌了！"人们看到喜鹊在枝头高叫，觉得很吉祥，非常高兴，就赶忙扔些食物给它。喜鹊衔着一块食物飞走了，乌鸦只好无奈地认输。

心得感悟：你在人们心目中的印象往往会成为你是否被接受的重要因素，因此形象是很重要的，良好的形象是一个人宝贵的财富。具体到银行的服务工作，广大员工也要牢记这一点，只有靠诚信的服务、高超的业务技能和良好的营业环境才能将客户留下。如果你的一次失误给客户带来反感，客户就会对银行敬而远之。寓言中的乌鸦就是因为形象太差了，无论它说好话还是坏话，人们都厌恶它！所以对于银行，塑造一个崭新的、良好的形象，是极其重要的。

5. 四季饭店的周到服务

作为全球一流的连锁饭店，美国四季饭店能对顾客的需求和问题做出迅速反应，为客户提供无条件的、令人难忘的服务。

有一次，芝加哥的一家企业在一次国际商会上邀请了当时的第一夫人南希·里根来演讲，总经理要求企业高层人员要一起欢迎夫人的到来。有一位经理在办公室紧张忙碌了一天之后，直接来到了夫人将要入住的四季饭店，可他还穿着上班的衣服，没有时间回家换礼服了。

当他站在门厅里思考应该怎么办时，饭店接待员注意到他脸上迟疑的表情，走上前问道："先生，我可以替您做些什么吗?"得知情况后，接待员自告奋勇地说："我们有一位侍者今天不上班，我把他的礼服给你。"当他们来到更衣间时，却发现该侍者的晚礼服被送去洗了。经理谢过了接待员，但接待员却不放弃。"您可以穿我的礼服。"他一边说着，一边开始脱衣服。当发现自己的礼服太大时，他马上给饭店的裁缝打电话，裁缝立即当场修改衣服……

后来当经理要感谢这位接待员时，他却坚持说："我只是在做自己的工作，就是为顾客排忧解难"。

不久，这位经理将一个国际性的商务会议安排到了四季饭店召开。

心得感悟：很多著名的企业，尤其是那种"百年老店"式的企业，特别强调加强"软件"建设，挖掘服务潜能。因为人的潜力非常大，如果服务人员热情好客，乐于助人，积极主动，尽善尽美，那么，从服务中体现出来的这种精神、这种投入、这种作风，就会使客户感到很过意不去，从而产生发自内心的感动，自然也就想方设法地回报，就这样建立起了牢固、长期、忠诚的客户关系。

你的感悟

6. 听口音炒菜

浙江有家饭店每天顾客盈门，生意兴隆，而且很多顾客都是“回头客”。听店主说，其经营诀窍只有五个字：听口音炒菜。如烧鳊鱼，对山东口音的人，则要注重酱香，还要加上几根大葱；对江西口音的人，就要注重在汤汁中多放一点辣椒干；对苏杭口音的人，则注重甜、咸、酸。难怪许多食客吃后都会说上一句：“这厨师好像就是我们那里的。”

顾客心理就是市场的晴雨表，也是厂商调整产品结构、打开产品销路的信号灯。然而遗憾的是不少厂商至今尚未意识到揣摩顾客心理的重要性，只知道花大价钱搞装修、聘公关小姐，或者是同行之间相互压价、相互“血拼”，弄个你死我活，而不用心了解和分析顾客的消费心理变化，难怪这类厂商天天要为门前冷落、生意清淡而发愁了。

心得感悟： 这家饭店的店主从细微处入手，善于听口音炒菜，显示出了独到的经营眼光和思维方式，那就是紧抓消费者的需求，用心揣摩消费者的心理，从而保证了稳定的顾客源。“顾客就是上帝”决非一句空话，它体现在点点滴滴的服务细节之中，有道是“萝卜白菜，各有所爱”，消费者的需求是多层次、多方面的。有的人喜欢吃甜，有的人则偏爱吃咸；有的人喜欢高档产品，而有的人则对价廉物美的中低档商品情有独钟，真可谓各有所求，五花八门。银行客户经理只有摸清了客户的真正需求并投其所好，才能把业务做活做大。

你的感悟

企业管理出版社读者俱乐部反馈卡

完整填写本反馈卡将可免费加入企业管理出版社读者俱乐部并可享受以下服务：

1、 将会收到我们定期用电子邮件发送的新书信息及部分图书连载内容

2、 每月新增会员中抽取 10 名获奖者，每人赠送最新出版图书 1 本

3、 参加出版社定期举办的各种活动

个人资料

姓名：________性别：□男 □女 年龄：______E-mail：__________________________

联系电话：__________________传真：____________________手机：________________

就职单位及部门：______________________________________职务：________________

通讯地址：____邮政编码：____________

单位情况

1. 单位类型：

□国有企事业 □私营企业 □政府机构 □股份制企业

□外资企业（含合资） □集体所有制企业 □其他（请写出）________________

2. 单位所属行业：

□食品/饮料/酿酒 □批发/零售/餐饮 □旅游/娱乐/饭店

□政府机构 □制造业 □公用事业 □金融/证券/保险

□农业 □多元化企业 □信息/互联网服务 □房地产/建筑业

□咨询业 □电子/通讯/邮电 □其他（请写出）__________________

3. 单位规模：

____________________________________人

关于书籍

1. 您购买的图书书名：________________________________ISBN：__________________

2. 您是通过何种渠道了解到本书的？

□报刊杂志　□电视台、电台　□书店广告　□朋友推荐　□其他________________

您对本书的评价：

内容　□好　□一般　□较差

编排　□易于阅读　□一般　□不好阅读

封面　□好　□一般　□较差

3. 您在何处购买的本书？

□书店　□网络　□机场　□超市　□其他________________________

您所关注的图书领域是：

□投资理财　□人力资源　□销售/营销　□财务会计　□管理学与实务　□其他____________

您愿意以何种方式获得我们相关图书的信息？

□电子邮件　□宣传单页　□书目　□试读本　□样书

4. 如果您希望我们发送新书信息给您公司的负责人，请注明所推荐人的：

姓名________________　职务_________________　电话___________________________

地址_______________________________________　邮件___________________________

本表可通过传真、电子邮件等方式反馈，联系方式如下：

联系人：李靖

地址：北京市海淀区紫竹院南路 17 号企业管理出版社第三图书编辑部　邮编：100048

电话：010-68701891

传真：010-68701661

电子邮箱：　e68701891@sohu.com

登记表电子版下载请登录：http://www.emph.cn 或发邮件索取